AF672930

GRöLS Verlage

„Bücher sind wie Fallschirme. Sie nützen uns nichts, wenn wir sie nicht öffnen."

Gröls Verlag

Redaktionelle Hinweise und Impressum

Das vorliegende Werk wurde zugunsten der Authentizität sehr zurückhaltend bearbeitet. So wurden etwa ursprüngliche Rechtschreibfehler *nicht* systematisch behoben, denn kleine Unvollkommenheiten machen das Buch – wie im Übrigen den Menschen – erst authentisch. Mitunter wurden jedoch zum Beispiel Absätze behutsam neu getrennt, um den Lesefluss zu erleichtern.

Um die Texte zu rekonstruieren, werden antiquarische Bücher von Lesegeräten gescannt und dann durch eine Software lesbar gemacht. Der so entstandene Text wird von Menschen gegengelesen und korrigiert – hierbei treten auch Fehler auf. Wenn Sie ebenfalls antiquarische Texte einreichen möchten, finden Sie weitere Informationen auf www.groels.de

Viel Freude bei der Lektüre wünscht Ihnen das Team des Gröls-Verlags.

Adressen

Verleger: Sophia Gröls, Im Borngrund 26, 61440 Oberursel

Externer Dienstleister für Distribution & Herstellung: BoD, In de Tarpen 42, 22848 Norderstedt

Unsere „Edition | Werke der Weltliteratur“ hat den Anspruch, eine der größten und vollständigsten Sammlungen klassischer Literatur in deutscher Sprache zu sein. Nach und nach versammeln wir hier nicht nur die „üblichen Verdächtigen“ von Goethe bis Schiller, sondern auch Kleinode der vergangenen Jahrhunderte, die – zu Unrecht – drohen, in Vergessenheit zu geraten. Wir kultivieren und kuratieren damit einen der wertvollsten Bereiche der abendländischen Kultur. Kleine Auswahl:

Francis Bacon • Neues Organon • **Balzac** • Glanz und Elend der Kurtisanen • **Joachim H. Campe** • Robinson der Jüngere • **Dante Alighieri** • Die Göttliche Komödie • **Daniel Defoe** • Robinson Crusoe • **Charles Dickens** • Oliver Twist • **Denis Diderot** • Jacques der Fatalist • **Fjodor Dostojewski** • Schuld und Sühne • **Arthur Conan Doyle** • Der Hund von Baskerville • **Marie von Ebner-Eschenbach** • Das Gemeindekind • **Elisabeth von Österreich** • Das Poetische Tagebuch • **Friedrich Engels** • Die Lage der arbeitenden Klasse • **Ludwig Feuerbach** • Das Wesen des Christentums • **Johann G. Fichte** • Reden an die deutsche Nation • **Fitzgerald** • Zärtlich ist die Nacht • **Flaubert** • Madame Bovary • **Gorch Fock** • Seefahrt ist not! • **Theodor Fontane** • Effi Briest • **Robert Musil** • Über die Dummheit • **Edgar Wallace** • Der Frosch mit der Maske • **Jakob Wassermann** • Der Fall Maurizius • **Oscar Wilde** • Das Bildnis des Dorian Grey • **Émile Zola** • Germinal • **Stefan Zweig** • Schachnovelle • **Hugo von Hofmannsthal** • Der Tor und der Tod • **Anton Tschechow** • Ein Heiratsantrag • **Arthur Schnitzler** • Reigen • **Friedrich Schiller** • Kabale und Liebe • **Nicolo Machiavelli** • Der Fürst • **Gotthold E. Lessing** • Nathan der Weise • **Augustinus** • Die Bekenntnisse des heiligen Augustinus • **Marcus Aurelius** • Selbstbetrachtungen • **Charles Baudelaire** • Die Blumen des Bösen • **Harriett Stowe** • Onkel Toms Hütte • **Walter Benjamin** • Deutsche Menschen • **Hugo Bettauer** • Die Stadt ohne Juden • **Lewis Caroll** • *und viele mehr….*

François Marie Arouet de Voltaire

Kleine philosophische Aufsätze

Berlin, 8. August 1736.

Mein Herr! Obwohl es mir nicht vergönnt ist, Sie persönlich zu kennen, so sind Sie mir dafür durch Ihre Werke bekannt. Das sind geistige Schätze, deren Schönheiten bei jeder neuen Lektüre einem den Eindruck der Neuheit machen. Ich glaube darin den Charakter ihres geistreichen Verfassers zu erkennen, der unserem Jahrhundert und dem menschlichen Geist zur Zierde gereicht …

Die Freundlichkeit, die Sie gegen alle bezeigen, die sich den Künsten und Wissenschaften widmen, gibt mir die Hoffnung, daß Sie mich nicht aus der Reihe derer ausschließen werden, die Sie Ihrer bildenden Einwirkung wert halten. Ich meine den brieflichen Verkehr mit Ihnen, der jedem Denkenden äußerst wertvoll sein muß. Ohne Ihnen Weihrauch zu spenden – was Sie nicht nötig haben – darf ich sagen, daß ich Schönheiten ohne Zahl in Ihren Werken finde. Und das erweckt in mir den glühenden Wunsch, sie alle zu besitzen. Ich bitte Sie daher, mein Herr, sie mir zuzusenden und rückhaltslos mitzuteilen; wenn sich unter den Manuskripten einige finden, die Sie in wohlbegreiflicher Vorsicht den Augen des Publikums zu entziehen für gut halten, so verspreche ich Ihnen, diese im Schoß des Geheimnisses aufzubewahren und nur ganz in der Stille meinen Beifall zu spenden. Im Besitz Ihrer Werke halte ich mich für reicher, als wenn ich alle vergänglichen und verächtlichen Glücksgüter hätte, die der Zufall gibt und nimmt.

Wenn mein Schicksal es mir nicht vergönnt, Sie persönlich bei mir zu haben, so darf ich wenigstens hoffen, eines Tags den zu sehen, den ich schon so lange aus der Ferne bewundere und Sie mündlich zu versichern, daß ich mit all der Hochschätzung, die denen gebührt, die, erleuchtet von der Fackel der Wahrheit ihr Werk dem Dienst der Allgemeinheit weihen, bin

Ihr wohlgeneigter Freund
Friedrich, Kronprinz von Preußen.

Cirey, 26. August 1736.

Gnädigster Herr! Ich müßte kein Gefühl haben, wenn ich nicht tief beglückt wäre von dem Brief, mit dem Eure Königliche Hoheit mich zu beehren geruhten. Meine Eigenliebe durfte sich höchlich geschmeichelt fühlen; aber die Liebe zur Menschheit, die ich immer im Herzen hege und die meinen Charakter ausmacht, hat mir eine tausendmal reinere Freude bereitet, da ich sah, daß ein Fürst auf der Welt ist, der als Mensch denkt, ein philosophischer Fürst, der die Menschen glücklich machen wird. Glauben Sie mir, es gibt keine wahrhaft guten Könige als diejenigen, die gleich Ihnen damit begonnen haben, sich zu bilden, die Menschen kennen zu lernen, die Wahrheit zu lieben, die Verfolgung und den Aberglauben zu verabscheuen. Ein Fürst, der so denkt, muß das goldene Zeitalter in seinen Staaten heraufführen können. Warum trachten so wenige Könige nach solchen Vorzügen? Sie fühlen es, hoher Herr, fast alle denken sie mehr ans Königtum als ans Menschentum; Sie haben die gerade entgegengesetzte Gesinnung. Wenn nicht dereinst der Wirbel der Geschäfte und die Bosheit der Menschen einen so göttlichen Charakter wandelt, so werden Sie, dessen dürfen Sie sicher sein, von Ihren Völkern verehrt und von der ganzen Welt geliebt werden. Die ihres Namens würdigen Philosophen werden sich in Ihre Staaten drängen, und wie die berühmten Künstler in die Lande wandern, wo ihre Kunst im Flor ist, so werden die denkenden Männer sich um Ihren Thron scharen.

Dreimal, zuletzt 1743, hatte der französische Dichterphilosoph Voltaire den König besucht, der ihn gerne ganz an sich gezogen hätte. Aber erst 1749 nach dem Tode seiner Geliebten, der Marquise du Châtelet, trat Voltaire den dringenden Einladungen des Königs näher. Zunächst aber rechnete er dem sparsamen König vor, daß er diese Reise mit weniger als 4.000 Talern nicht unternehmen könnte; da er über soviel im Augenblick nicht verfügte, erbäte er sich den Betrag als Vorschuß. Der König verstand ihn und schickte seiner „Danae“, wie er Voltaire in einem Gedicht nannte – „einer sehr alten Danae“ spottete dieser selbst – die goldene Bedingung. Die Eitelkeit des Dichters beschleunigte seine Entscheidung: in Versen, die bald zu Voltaires Kenntnis kamen, hatte der König einen von ihm unterstützten, jungen französischen Dichterling, d'Arnaud, Voltaires Schützling, zum Wetteifer mit Voltaire aufgefordert und ihn als aufgehende Sonne begrüßt. „Ich will ihn lehren, sich auf die Leute zu verstehen“, sagte Voltaire. Am 10. Juli 1750 traf der sechsundfünfzigjährige Dichterphilosoph in Potsdam ein, nachdem Ludwig XV. keinen Versuch gemacht hatte, ihn für Frankreich zu erhalten. Der König gewährte ihm 5.000 Taler jährlichen Ehrensold, freie Tafel, Wohnung, Equipage, den Verdienstorden und den Titel eines Kammerherrn.

Sommer 1750

... Ich komme in Potsdam an, die großen blauen Augen des Königs, sein holdseliges Lächeln, seine Sirenenstimme, seine fünf Schlachten, sein ausgesprochenes Gefallen an der Zurückgezogenheit und an der Arbeit, an Versen und an Prosa, endlich Freundlichkeiten um den Kopf schwindeln zu lassen, eine entzückende Unterhaltungsgabe, Freiheit, im Verkehr volles Vergessen der Majestät, die Aufmerksamkeit, die schon von seiten eines Privatmannes bestricken würde, das alles hat mir den Verstand verrückt: ich ergebe mich ihm aus Leidenschaft, aus Verblendung und ohne zu vernünfteln ...

Potsdam, 24. Juli 1750.

Brief Voltaires an Argental

Nun bin ich also an der ehemals so wilden Stätte, die heute von den Künsten verschönt, vom Ruhm geadelt ist. Hundertfünfzigtausend sieggekrönte Soldaten, keine Prokuratoren, Oper, Theater, Philosophie, Poesie, ein philosophierender und dichtender Held, Größe und Anmut, Grenadiere und Musen, Trompeten und Geigen, platonische Gastmähler, Geselligkeit und Freiheit. Wer sollte das glauben? Und doch ist das alles ganz wahr; und alles das schätze ich nicht höher als unsere kleinen Soupers. Man sollte Salomon in seiner Herrlichkeit gesehen haben; aber bei Euch sollte man leben, zusammen mit Herrn von Choiseul und dem Herrn Abbé von Chauvelin. Dieser Brief gilt auch ihnen; sie sollen wissen, wie ich Heimweh nach ihnen habe, selbst wenn ich Friedrich den Großen höre. Es beschämt mich ganz, daß ich in den Gemächern des Herrn Marschalls von Sachsen wohne. Man hat den Geschichtsschreiber im Zimmer des Helden unterbringen wollen.

Potsdam, 13. Oktober 1750.

Nun sind wir in der Potsdamer Abgeschiedenheit; der Wirbel der Feste ist vorüber, nun ist es mir wieder behaglicher. Es ist mir nicht unangenehm, daß ich bei einem König bin, der keinen Hof und keinen Staatsrat hat. Allerdings ist Potsdam von Schnurrbärten und Grenadiermützen bewohnt; aber ich sehe sie, Gott sei Dank, nicht. Ich arbeite friedlich in meinen Gemächern beim Wirbel der Trommeln. Die Diners des Königs schenke ich mir; da sind mir zu viel Generäle und zu viel Prinzen. Ich konnte mich nicht daran gewöhnen, immer einem König in Gala gegenüber zu sitzen und in großer Gesellschaft zu sprechen. So soupiere ich mit ihm in kleinerem Kreise. Das Souper ist kürzer, heiterer, gesünder. Nach drei Monaten würde ich sterben an Verdruß und Magenbeschwerden, wenn ich alltäglich mit einem König in der Öffentlichkeit dinieren müßte.

Man hat mich also, mein liebes Kind, in aller Form dem König von Preußen abgetreten. So ist meine Ehe geschlossen; wird sie glücklich sein? Das weiß ich nicht. Ich habe mich nicht enthalten können, das Jawort zu geben. Ja, diese Ehe! Es mußte wohl dazu kommen nach so langjähriger Umschmeichelung. Aber das Herz hat mir gepocht am Altar. Ich gedenke noch diesen Winter zu Ihnen zu kommen, Ihnen von allem zu berichten und vielleicht Sie zu entführen. Jetzt ist nicht mehr die Rede von meiner italienischen Reise. Ich habe Ihnen, ohne es zu bereuen, den Heiligen Vater und die unterirdische Stadt geopfert; vielleicht hätte ich Ihnen auch Potsdam opfern sollen. Ich hätte mir noch vor sieben oder acht Monaten, als ich mein Haus in Paris mit Ihnen einrichtete, nicht träumen lassen, daß ich mich dreihundert Meilen weit weg im Hause eines andern einrichten würde. Und dieser andere ist – ein Herr. Er hat mir zwar geschworen, ich werde es nie zu bereuen haben; er hat Sie, liebes Kind, in eine Art Vertrag einbegriffen, den er mit mir geschlossen hat und den ich Ihnen zusenden will. Aber werden Sie auch kommen und sich Ihr Leibgedinge holen?

Ich fürchte freilich, Sie werden es machen wie Frau von Rottembourg, die auch immer die Pariser Opern denen von Berlin vorgezogen hat. O Schicksal, wie leitest du doch das Geschehen und wie führst du die armen Sterblichen!

Das ist sehr komisch, daß dieselben Pariser Literaten die noch vor einem Jahr mich „vernichten“ jetzt über mein Fortgehen schreien und es Fahnenflucht heißen. Es tut ihnen, scheint es, leid, daß sie ihr Opfer verloren haben. Daß ich Sie verlassen habe, das war nicht recht; mein Herz sagt es mir täglich öfter als Sie denken. Aber daß ich mich von diesen Herren entfernte, daran habe ich sehr recht getan. Ich küsse Sie zärtlich und mit Schmerzen.

Oktober 1750.

Brief Voltaires an seine Nichte, Quelle: s. o.

... Mein Geschäft ist, nichts zu tun. Ich genieße meiner Muße. Eine Stunde des Tages widme ich dem König, um seine Werke in Prosa und Versen ein wenig abzurunden; ich bin sein Grammatiker, nicht sein Kammerherr. Den Rest des Tages habe ich für mich, und der Abend schließt mit einem angenehmen Souper...

Potsdam, 6. November 1750.

Man weiß also in Paris, liebes Kind, daß wir in Potsdam meinen „*Caesar*" aufgeführt haben, daß Prinz Heinrich ausgezeichnet spielt, französisch spricht wie ein Franzose und sehr liebenswürdig ist, und daß man sich hier amüsieren kann. Alles das ist richtig. Aber –

Die Soupers des Königs sind köstlich. Vernunft, Geist, Wissenschaft, alles kommt zum Wort; es herrscht vollkommene Freiheit; er ist die Seele des Ganzen. Keine schlechte Laune, kein Wölklein oder wenigstens kein Sturm. Mein Leben ist frei und ausgefüllt. Aber – aber –

Oper, Theater, Reiterquadrillen, Soupers in Sanssouci, Paraden, Konzerte, Studien, Bücher. Aber – aber –

Berlin ist groß, hat ganz andere Straßenzüge als Paris, hat Paläste, Schauspielhäuser, liebenswürdige Königinnen, reizende Prinzessinnen, schöne, wohlgewachsene Hofdamen. Aber – aber –. Mein liebes Kind, es setzt so nachgerade eine heitere Kälte ein.

Wir haben hier einen sehr lustigen Herrn, den Arzt la Mettrie. Seine Gedanken sind ein Feuerwerk von Schwärmern und Raketen, ein Geprassel, das ein Viertelstündchen Spaß macht, auf die Dauer aber doch ermüdet. Eben hat er in Potsdam ein schlechtes Buch gegen die Tugend drucken lassen, eine Lobrede auf die Laster, mit einer freundlichen Einladung zu allen Ausschweifungen an den Leser. Er dachte an nichts Böses dabei. Er war wie aus allen Himmeln gefallen, als gesetzte Leute ihm einen Vorhalt über die Scheußlichkeit seiner Moral machten.

Gott bewahre mich, daß ich den zum Arzt nehme. Er würde mir in aller Unschuld ätzendes Quecksilbersublimat geben statt Rhabarber und sich dann noch köstlich amüsieren. Dieser eigenartige Mediziner ist der Vorleser des Königs. Das Heitere ist, daß er ihm derzeit aus der Kirchengeschichte vorliest. Er überschlägt Hunderte von Seiten, aber dann kommen Stellen, wo der Monarch und sein Vorleser fast platzen vor Lachen.

Leben Sie wohl, liebes Kind; nun soll ja auch mein *"Gerettetes Rom"* zur Aufführung kommen. Aber aber – Leben Sie wohl.

Berlin, im Schloß, 26. Dezember 1750.

Ich schreibe neben einem Ofen, mit schwerem Kopf und traurigem Herzen, die Blicke gerichtet auf die Spree, weil die Spree in die Elbe fließt und die Elbe ins Meer und weil in dieses Meer die Seine mündet, und weil unser Pariser Haus ganz nahe an dieser Seine liegt. Und ich sage, mir: Mein liebes Kind, warum bin ich in diesem Palast und nicht an unserem häuslichen Herd? Welche Vorwürfe mache ich mir! Wie ist mein Glück vergiftet! Wie kurz ist das Leben! Wie traurig, daß ich das Glück fern von Ihnen suchte!

Ich bin kaum wiederhergestellt; wie soll ich reisen? Der Wagen Apollos würde im Morast der Schneeschmelze der Brandenburger Straßen stecken bleiben. Warten Sie auf mich, lieben Sie mich, nehmen Sie mich auf, trösten Sie mich und zanken Sie mich nicht aus.

Während Sie die römische Republik aufs Pariser Theater versetzen, will ich ganz friedlich an meinem *"Jahrhundert Ludwigs XIV."* arbeiten und in aller Behaglichkeit die Schlachten von Neerwinden und Hochstätt schlagen. Abwechselung ist mein Wahlspruch. Ich brauche mehrere Sorten von Trost. Nicht die Könige geben diesen Trost, aber die schönen Wissenschaften.

In Berlin, in Potsdam, in Sanssouci, stets wohnte Voltaire ganz nahe den königlichen Gemächern. Abends nahm er an der königlichen Tafel teil, die durch den Geist der Unterhaltung schon damals berühmt war: „an keinem Orte der Welt sprach man so frei über alle Arten des menschlichen Aberglaubens, nirgends wurden sie mit so viel Spott und Verurteilung behandelt als bei den Soupers des Königs von Preußen, Gott wurde respektiert, alle diejenigen, die in seinem Namen die Menschen betrogen hatten, nicht geschont."

Ein Besuch der Markgräfin von Bayreuth entfaltete grade in Voltaires erster Zeit das höfische Leben zu voller Pracht. Ein Fest folgte dem andern: „Man sollte glauben, daß man hier nur im Vergnügen lebte." Viel bewundert, trug Voltaire selber zur Verfeinerung der Festlichkeiten bei. Mit Prinzen und Prinzessinnen, die das Französische ohne den geringsten Akzent sprachen, veranstaltete er Theateraufführungen, auch eigener Stücke, in denen er selber als Schauspieler zu glänzen liebte.

Aber bevor das Jahr zu Ende gegangen war, befand Voltaire sich in einer peinlichen und unwürdigen Lage. Nicht nur, daß ihn, wie er schreibt, in dem kätzchenartigen Witzspiele der königlichen Gesellschaftsabende immer wieder die Wolfstatze schreckte. Nicht nur Eindrücke und Stimmungen, aus denen heraus er im November seiner Nichte nach Paris schrieb: „Man weiß also in Paris ... „ (Brief vom 6. November 1750, s. o.)

Der Dichter war in schmutzige Wuchergeschäfte geraten, aus denen sich ein peinlicher Prozeß entwickelte. Nach dem zehnten Artikel des Dresdner Friedens mußten sächsische Steuerkassenscheine, deren Wert beträchtlich gesunken war, in Sachsen aus den Händen preußischer Untertanen zum vollen Wert angenommen werden; die Spekulation mit diesen Scheinen aber hatte der König ausdrücklich verboten. Gleichwohl beauftragte Voltaire den Berliner Schutzjuden Hirschel für ihn in Dresden sächsische Steuerscheine aufzukaufen. Er händigte ihm zu diesem Zweck einen Wechsel über 40.000 Franken ein. Der König erfuhr davon und veranlaßte Voltaire, der den Sachverhalt ganz anders darzustellen versuchte, den Auftrag zurückzunehmen. Der Jude gab den Wechsel nicht zurück, da entwickelte sich ein Rechtsstreit, der den Berlinern den ergiebigsten Gesprächsstoff bot und den König aufs äußerste verdroß. Lessing, der als zweiundzwanzigjähriger Student für Voltaire dessen

Eingaben an den Gerichtshof ins Deutsche übersetzte, urteilte über den schmutzigen Handel:

Und kurz und gut den Grund zu fassen,
warum die List
dem Juden nicht gelungen ist,
so fällt die Antwort ungefähr:
Herr V. war ein größrer Schelm als er.

Potsdam, 24. Februar 1751.

Brief Friedrichs des Großen an Voltaire, Quelle: s. o.

Ich habe mich sehr darüber gefreut, Sie bei mir aufnehmen zu können. Ich schätze Ihren Geist, Ihre Gaben und Ihre Kenntnisse und mußte annehmen, daß ein Mann von Ihrem Alter genug literarische Streitigkeiten gehabt haben würde und zu mir komme, um sich in einen ruhigen Hafen zu flüchten.

Aber zuerst verlangten Sie in recht sonderbarer Weise von mir, ich solle Fréron nicht damit beauftragen, mir Neuigkeiten zu schreiben. Ich war schwach oder gefällig genug, Ihre Bitte zu gewähren, obschon es Ihnen nicht zukam, Bestimmungen darüber zu treffen, wen ich in meinen Dienst nehmen sollte ...

Sie haben den russischen Gesandten besucht und sich mit ihm über Fragen unterhalten, die Sie nichts angehen, und zwar in einer Weise, die den Glauben erweckte, als hätte ich Ihnen Aufträge erteilt ...

außerdem haben Sie die niederträchtigste Geschichte von der Welt mit dem Juden gehabt. In der ganzen Stadt haben Sie den größten Lärm darüber verursacht.

Die Sache mit den Steuerscheinen ist so bekannt in Sachsen, daß ich die bittersten Beschwerden darüber entgegennehmen mußte.

Bis zu Ihrer Ankunft habe ich in meinem Hause Frieden gehabt und muß Ihnen mitteilen, daß Sie sehr an den Unrechten gekommen sind, wenn Sie die Leidenschaft haben, Ränke und Intrigen zu spinnen. Friedliebende und ruhige Menschen sind mir angenehm, das heißt Leute, die in ihrem Benehmen ohne die heftigen Leidenschaften der Tragödien auskommen. Können Sie sich dazu entschließen, als Philosoph zu leben, so werde ich mich lebhaft freuen, Sie zu sehen, überlassen Sie sich aber wiederum allen Ihren ungezügelten Leidenschaften, und wollen Sie von Neuem mit der ganzen Welt Streit anfangen, so wird es mir nicht angenehm sein, Sie hierher kommen zu sehen: Sie können dann ebensogut in Berlin bleiben.

Potsdam, 28. Februar 1751.

Wenn Sie herkommen wollen, so können Sie es tun. Ich höre hier von keinem Prozeß sprechen, auch nicht von dem Ihrigen. Da Sie ihn gewonnen haben, so wünsche ich Ihnen Glück dazu und freue mich, daß diese häßliche Sache zu Ende ist.

Ich hoffe, Sie werden keine weiteren Streitigkeiten mit dem Alten oder dem Neuen Testament haben. Derartige Dinge hinterlassen ihre Flecken; selbst mit den Gaben des geistreichsten Mannes von Frankreich würden Sie einen Makel nicht zudecken können, den ein derartiges Benehmen auf die Dauer Ihrem Rufe aufdrücken müßte …

Potsdam, 29. Oktober 1751.

Was soll ich Ihnen sagen? Man muß sich trösten, wenn es wahr ist, daß die Großen die Kleinen lieben, die sie zum Besten haben. Aber wenn sie sie zum Besten haben und sie nicht lieben, was dann? Nun, dann muß man sie, seinerseits zum Besten haben, ganz sachte und ihnen durchgehen, auch ganz sachte. Wir leben hier miteinander wie Brüder. Die Brüder kommen in mein Zimmer, das ich nicht verlasse; und dann gehen wir zum König und soupieren bei ihm, manchmal recht vergnügt.

Der Mann, der vom Kirchturm herunterfiel und der sich in der Luft ganz mollig fühlte und sagte: „Schön, vorausgesetzt, daß es so weitergeht“, mit dem Mann habe ich einige Ähnlichkeit.

Potsdam, 23. September 1752.

Es scheint Ihnen seltsam, daß ich mich rühme, in der Zurückgezogenheit zu leben, da ich doch am Hof eines großen Königs bin. Aber, gnädige Frau, Sie dürfen sich nicht vorstellen, ich habe morgens mit weiß gepuderter Perücke bei einem Lever zu erscheinen, ich habe in eine feierliche Messe zu gehen, ich habe der Hoftafel beizuwohnen, um nach Tisch höfische Gedichte abzufassen. So glänzend ist mein Leben nicht. Ich habe niemand den Hof zu machen, nicht einmal dem Hausherrn. Ich habe eine behagliche Wohnung in einem schönen Palast. Bei mir sind zwei oder drei Gottlose, mit denen ich gewöhnlich diniere, und zwar frugaler als ein frommer Mann. Wenn ich wohlauf bin, so soupiere ich mit dem König. Dabei unterhält man sich nicht über Stänkereien im besonderen und über Nichtigkeiten im allgemeinen, sondern über den guten Geschmack, über die Kunst, über die rechte Philosophie, über den Weg zum Glück, über die Methoden zur Unterscheidung von Wahr und Falsch, über das freie Denken, über die Erkenntnisse, die man bei Locke lernt und von denen die Pariser Sorbonne nichts weiß, und darüber, wie man es zustande bringt, einem Staat den Frieden durch Beichtbillette zu rauben. Kurz, ich bin nun zwei Jahre an einem angeblichen Hof; in Wahrheit ist es eine stille Philosophengemeinde. Kein Tag ist vorübergegangen, an dem es nicht etwas für mich zu lernen gab.

Der königliche Akademiedirektor Maupertuis, einst Voltaires Freund und zeitweiliger Hausgenosse und von ihm an den König empfohlen, glaubt ein physikalisches Gesetz entdeckt zu haben, wonach die Natur sich für jede Bewegung mit einem möglichst geringen Kraftaufwand begnüge. Dagegen behauptet Samuel König im Haag, daß schon Leibniz (1646 – 1716) dieses Gesetz gefunden habe, ohne indessen wie Maupertuis übereilte Folgerungen daraus zu ziehen. Er stützt sich auf einen ihm vorliegenden Brief Leibnizens. Die Akademie unter Maupertuis erklärt diesen Brief, nachdem sie zweimal dessen Vorlage verlangt hatte, für gefälscht. König, auswärtiges Mitglied der Akademie, tritt aus dieser aus und veröffentlicht einen „Appell an das Publikum". Voltaire läßt anonym einen „Brief eines Berliner Akademikers an einen Pariser" erscheinen, worin er Maupertuis des geistigen Diebstahls bezichtigt und die Akademie lächerlich macht. Er schließt damit, daß mehrere Mitglieder aus der von Herrn Maupertuis tyrannisierten Akademie austreten würden, wenn sie nicht die Ungnade des Königs fürchteten. Der König greift durch ein anonymes Flugblatt in den Streit ein und setzt sich damit nach seinem eigenen Urteil denselben Unannehmlichkeiten aus, wie der Vorübergehende, der zwei Raufbolde zu trennen versucht. Nun läßt Voltaire unter dem Titel „Diatribe du Docteur Akakia, medecin du papec in Berlin anonym eine Schmähschrift gegen Maupertuis erscheinen, um diesen der völligen Lächerlichkeit preiszugeben. Zunächst leugnete er die Verfasserschaft, wird aber vom König überführt, muß Besserung geloben, die ganze Auflage der Schmähschrift wird vernichtet. Heimtückisch aber und in krankhaft gesteigertem Haß gegen Maupertuis läßt Voltaire das Pamphlet in Dresden neu erscheinen. Auf Befehl des Königs wird diese neue Ausgabe in Berlin vom Henker öffentlich verbrannt. Am Neujahrstage schickt Voltaire den Kammerherrnschlüssel und den Orden zurück mit den Versen:

Beglückt, als Du sie mir gespendet,
geb ich sie nun mit Schmerz zurück,
so wie ein Liebender im düstren Augenblick
der Liebsten Bild ihr wiedersendet.

Sein Entschluß, nach Frankreich zurückzukehren, steht fest, seine Gelder hatte er schon dorthin in Sicherheit gebracht. Nach einer scheinbaren Aussöhnung, die ihm die zurückgegebenen königlichen Gnadenzeichen wiederbrachte, nimmt er Urlaub zu einer Badekur in Plombières. Aber kaum auf der Reise, schon in Leipzig verlangt Voltaire in einem von Bosheit strotzenden Brief, aus der Liste der Akademiemitglieder gestrichen zu werden. Da beansprucht der König, überzeugt, daß Voltaire sein Versprechen, im Herbst zurückzukehren, nicht halten würde, die endgültige Abgabe des Kammerherrnschlüssels, des Ordens und eines unter dem Titel „Oeuvres du philosophe de Sanssouci" in Sanssouci in ganz wenigen Exemplaren für die vertrautesten Freunde gedruckten Buches, Gedichte des Königs enthaltend. Voltaire soll das Verlangte auf der Durchreise durch Frankfurt am Main dem dortigen Residenten des Königs, von Freytag, aushändigen. Die „Oeuvres" sind nicht zur Stelle, und bis zu ihrer Herbeischaffung unterzieht sich Voltaire einem mehrwöchigen Hausarrest in seinem Quartier. Das ungeschickte Benehmen Freytags bringt ihn schließlich dahin, einen Fluchtversuch zu machen, worauf er in strenge Haft genommen wird. Der König, unzufrieden mit der „brutalen Exaktheit" seines Residenten, befielt sofortige Freilassung, die sich aber sehr verzögert, da der König sich gerade auf einer Reise in Königsberg befindet. Aus Rache läßt Voltaire im Mai des folgenden Jahres in Paris eine boshafte und gemeine Schilderung des preußischen Hofes und des Privatlebens des Königs erscheinen.

Potsdam, 18. Oktober 1752.

Brief Friedrichs des Großen an Maupertius, Quelle: s. o

Ach, mein lieber Maupertuis, wohin ist es mit den Männern der Wissenschaft gekommen, wenn sie nicht ruhig in die Grube fahren können, ohne, so krank sie auch sind, die Stimmen des Hasses und Neides über sich ergehen lassen zu müssen? Ich war sehr erzürnt über die Menge von Schriften, die gegen Sie erschienen sind; ich weiß nicht, wer ihre Verfasser sind, aber ich klage sie deswegen nicht weniger der Feigheit und der infamsten Bosheit an. Es ist schimpflich für die Wissenschaften, daß die Menschen, die sich ihnen widmen und den hochtrabenden Titel von Philosophen in Anspruch nehmen, alle Leidenschaften in ihrer Seele herrschen lassen und, närrisch vor Eigenliebe und empörender Eitelkeit, mehr damit beschäftigt sind, den guten Namen großer Männer zu vernichten, als damit, ihren eignen dauernd zu begründen. Ich hatte immer geglaubt, daß das Studium der Weisheit weise machen müsse; ich gebe zu, daß ich mich getäuscht habe: In Wirklichkeit bemerkt man in keinem Beruf oder Stand so viele jämmerliche Zänkereien, so viele verleumderische Beschuldigungen und so viel verschwenderisch beredte Beleidigungen wie unter den Männern der Wissenschaft. Die meisten Gelehrten gleichen den Schauspielern, die mit schönen Empfindungen prunken, wenn sie auf dem Theater Heroen und Heroinen darstellen, zu Hause aber niedrige Aufhetzereien machen und sich untereinander beschimpfen. Wenn ich Kinder hätte, würde ich mehr darauf bedacht sein, ihnen gute Sitten beizubringen als ihren Geist auszubilden. Es scheint, daß die Fähigkeit zu kombinieren, zu denken und zu forschen den Menschen nur dazu verliehen ist, um einander zu schaden ...

Potsdam, 29. November 1752.

Brief Friedrichs des Großen an Maupertuis, Quelle: s. o.

Nach vielen Nachforschungen und einem sehr langweiligen Eingehen ins Einzelne habe ich mich des Akakia bemächtigt und ihn verbrennen lassen; den Verfasser habe ich aufgefordert, entweder sofort meine Haus zu verlassen oder auf das infame Metier eines Pasquillenfabrikanten zu verzichten, so daß Sie also in jeder Hinsicht beruhigt sein können. Es ist schade, daß dieser Mann bei so großen Talenten ein so schwarzes und nichtswürdiges Herz hat. Das rächt die Menschheit, die sich sonst gegen die Überlegenheit eines Einzelnen über so viele andre auflehnen würde, und das beweist sehr gut, daß man keinen Augenblick schwanken darf bei der Wahl zwischen Geist und Charakter. Ich wollte Sie besuchen, als ich in Berlin war, aber ich mußte auf einige Persönlichkeiten so viel Rücksicht nehmen, daß ich gezwungen war, unermüdet bei der Arbeit zu bleiben. Adieu. Ich wünsche von ganzem Herzen gute Nachrichten über Ihr Ergehen zu erhalten.

Berlin, 18. Dezember 1752.

Brief Voltaires an seine Nichte

Ich schicke Ihnen, liebes Kind, die zwei Verträge mit dem Herzog von Württemberg; das bedeutet für Sie ein kleines Vermögen, das Ihr Auskommen sichert. Mein Testament lege ich bei. Nicht als ob ich an Ihre alte Prophezeiung glaubte, der Ärger mit dem König von Preußen werde mich noch das Leben kosten. Eines so dummen Todes zu sterben, dazu fühle ich nicht die geringste Lust. Aber die Natur hat mir viel übler mitgespielt als er; und man muß immer seine Koffer gepackt und seinen Fuß im Steigbügel haben zur Reise in jene andere Welt, in der – die Dinge mögen sein wie sie wollen – die Könige keinen großen Einfluß haben werden.

Da ich in dieser Welt keine hundertfünfzigtausend Schnurrbärte zu meiner Verfügung habe, so bin ich gar nicht gewillt, Krieg zu führen. Ich will nur anständig desertieren, meiner Gesundheit leben, Sie wiedersehen und diesen Traum der drei Jahre vergessen.

Ich sehe jetzt, daß man „die Orange ausgepreßt" hat. Nun gilt's, die Schalen zu retten. Nun will ich, mir zu Nutz und Frommen, ein kleines Wörterbuch für Könige anlegen. „Mein Freund" bedeutet „mein Sklave". „Mein lieber Freund" heißt „Sie sind mir mehr als gleichgültig". Unter der Phrase: „Ich werde Sie glücklich machen" muß man verstehen: „Ich werde Sie bei mir dulden, so lange ich Sie brauche". „Soupieren Sie heute abend mit mir!" will besagen: „Ich will Sie heute abend verhöhnen".

So könnte man noch lange fortfahren; es reicht zu einem ganzen Artikel in der Enzyklopädie. Im Ernst, das preßt einem das Herz zusammen. Was ich alles erlebt habe, ist das möglich? Eine Freude daran haben, diejenigen gegeneinander aufzustiften, mit denen man zusammen lebt! Einem Mann alles Liebenswürdige sagen und dann Broschüren gegen ihn schreiben, und was für Broschüren! Einen Mann aus seinem Heimatland herausreißen durch die heiligsten Versprechungen und ihn dann mit der schwärzesten Bosheit mißhandeln! Ist das der Mann, der mir so viele philosophische Gedanken schrieb und den ich für einen Philosophen hielt? Und ich habe ihn den Salomo des Nordens genannt!

Sie erinnern sich an seinen schönen Brief, bei dem es Ihnen freilich nie ganz wohl war. „Sie sind Philosoph," sagte er, „ich auch." Meiner Treu, Majestät, Sie sind's nicht, und ich auch nicht.

Liebes Kind, ich werde mich erst wieder für einen solchen halten dürfen, wenn ich bei meinen Penaten und bei Ihnen bin. Das Heikle an der Sache ist, wie man hier loskommt. Ich kann nur aus Gesundheitsrücksichten um Urlaub einkommen. Ich kann nicht sagen: Ich will im Dezember ins Bad Plombières gehen. Hier ist ein „Diener am Wort", namens, gebürtiger Franzose wie ich; er kam um Urlaub nach Paris ein – „in Geschäftsangelegenheiten". Der König ließ ihm antworten, er kenne seine Geschäftsangelegenheiten besser als er, und er habe es gar nicht nötig, nach Paris zu gehen.

Liebes Kind, wenn ich so im einzelnen durchdenke, was hier vorgeht, so komme ich immer zu dem Schluß, daß das nicht wahr, daß das nicht möglich ist, daß das eine Täuschung sein muß; daß das in Syrakus passiert sein muß vor so ungefähr dreitausend Jahren. Aber wahr ist, daß ich Sie von ganzem Herzen liebe und daß Sie mein Trost sind.

Januar 1753.

Brief Friedrichs des Großen an Voltaire. Quelle: s. o.

Der König hat sein Konsistorium gehalten. Darin ist debattiert worden, ob Ihre Sünde todeswürdig oder verzeihlich sei.

Offenherzig gestanden haben sämtliche Doktoren dafür gestimmt, daß diese außerordentlich todeswürdig und als solche schon durch wiederholten Rückfall gekennzeichnet sei.

Trotzdem glaubt seine Majestät im Vollbesitz der ihm verliehenen Gnade Beelzebubs Sie, wenn auch nicht vollständig, so doch wenigstens zum Teil absolvieren zu können. Allerdings sollte dies eigentlich nur auf irgendeinen Ihnen auferlegten Akt der Reue und Buße hin geschehen, da jedoch in Satans Reich viel auf das Genie gegeben wird, so glaube ich, daß man Ihnen zugunsten Ihrer Geistesgaben die Fehler verzeihen kann, die Ihrem Herzen in irgendeiner Weise zur Unehre gereichen.

Das sind die Worte des Oberpriesters, die ich sorgfältig aufgezeichnet habe, und die eigentlich eine Prophezeiung enthalten.

16. März 1753

Brief Friedrichs des Großen an Voltaire. Quelle: s. o.

Es war nicht nötig, daß Sie eine Badereise nach Plombieres, von der Sie behaupten, Sie hätten sie nötig, zum Vorwand nahmen, um Ihren Abschied zu verlangen. Sie können aus meinem Dienst ausscheiden, wann es Ihnen gut dünkt; ehe Sie jedoch abreisen, wollen Sie mir Ihre Anstellungsurkunde, den Kammerherrenschlüssel, den Orden und den Ihnen anvertrauten Band Gedichte zurücksenden lassen.

Ich wünschte, meine Werke allein wären Ihren und Königs Pfeilen ausgesetzt gewesen. Ich opfere sie mit Vergnügen allen, die ihren eignen Ruf dadurch zu erhöhen glauben, daß sie den andrer Leute erniedrigen. Ich bin weder so töricht noch so eitel wie gewisse Schriftsteller, und literarische Ränke scheinen mir eine Schmach für die Literatur zu sein. Darum achte ich Ehrenmänner, die sich damit beschäftigen, nicht weniger hoch. Nur die Cliquenhäupter sind in meinen Augen verächtlich.

Damit bitte ich Gott, daß er Sie in seinen heiligen und würdigen Schutz nehme.

Potsdam, 11. April 1753.

Brief Friedrichs des Großen an Keith. Quelle: s. o.

Mylord, seit einiger Zeit kamen allerhand Szenen zwischen Voltaire und Maupertuis vor. Da ich wünsche, daß man bei Ihnen die Wahrheit darüber erfährt, so will ich Ihnen einige Einzelheiten mitteilen, damit Sie sie gelegentlich in Paris verbreiten können.

Voltaire hatte Lust bekommen, Präsident unserer Akademie zu werden. Das beste Mittel, um dies zu erreichen, schien ihm, Maupertuis lächerlich zu machen. Zu diesem Zweck nahm er in einem literarischen Streit, den König mit Maupertuis hatte, Königs Partei und griff Maupertuis heftig an. Um die Möglichkeit zu haben, seine Streitschriften hier drucken zu lassen, erbat er sich von mir die Erlaubnis, seine Verteidigung Lord Bolingbrokes zu veröffentlichen. Diese Erlaubnis benutzte er dazu, den Verleger zu betrügen und durch ihn seinen „Akakia" zu drucken, die schändlichste Satire gegen Maupertuis.

Ich erfuhr die Sache und ließ ihn kommen. Er mußte seine Gaunerei eingestehen. Ich drohte ihn hinauswerfen zu lassen, wenn er nicht erstens die gesamte Auflage des Akakia herausgäbe und zweitens ein Schriftstück unterzeichne, in dem er versprach, künftighin weder Fürsten noch Privatleute anzugreifen, sondern in Ruhe und Frieden zu leben. Das mußte er sich denn gefallen lassen.

Kaum komme ich in diesem Winter in Berlin an, so erfahre ich, daß Akakia verkauft wird. Darauf ließ ich das Buch durch Henkerhand verbrennen und Voltaire seinen Kammerherrnschlüssel und seinen Orden abfordern. Durch seine dringenden Bitten ließ ich mich erweichen und verlangte nur von ihm, daß er in der Zeitung alle seine nichtswürdigen Schmähschriften widerrufen sollte, was er denn auch tun mußte.

Darauf kam Voltaire wieder hierher und erbat sich die Erlaubnis, nach Plombieres zu gehen. Ich gewährte sie ihm. Aber schon im Begriffe abzureisen, ließ er wieder Schmähschriften gegen mich los.

Jetzt ist er in Leipzig, wo er ebenfalls Satiren drucken läßt. Ich habe vollständig mit ihm gebrochen. Er wird nicht wieder herkommen.

Da er ein boshafter Narr und imstande ist, nach Frankreich zurückgekehrt, allerhand Verleumdungen und Schändlichkeiten über Maupertuis und über mein Land zu verbreiten, so bitte ich Sie, ihm so viel als möglich entgegenzuarbeiten.

Besonders wollen Sie seiner Nichte Frau Denis die von mir unterzeichnete Berufungsurkunde ihres Oheims abfordern. Sie muß sie herausgeben. Sie können überall sagen, daß ich mich gezwungen gesehen habe, den Menschen wegzuschicken, da er sich durch seine Gaunereien, Schurkenstreiche und seine Bosheit bei aller Welt verhaßt machte.

Kommt er nach Frankreich, so müssen Sie ihm ein Buch abfordern, das ich ihm gegeben habe, sowie alle Briefe. Ferner wollen Sie sich an die Minister wenden, um zu verhindern, daß er weitere Unverschämtheiten drucken läßt.

Es tut mir leid, Mylord, daß ich Ihnen so lächerliche Aufträge geben muß, aber ich bin schwer genug dafür bestraft, daß ich gütig gegen einen Narren gewesen bin, von dem nun herauskommt, daß er der boshafteste und undankbarste Mensch auf Erden ist. Die Mühe, die Sie sich in dieser Angelegenheit geben, wird die Freundschaft und Achtung, die ich für Sie hege, noch vermehren. Leben Sie wohl.

Potsdam, 11. April 1753.

Kabinettsorder an den Preußischen Residenten von Freytag in Frankfurt am Main. Quelle: s. o.

Seine Königliche Majestät, unser allergnädigster Herr, machen dero Residenten und Kriegsrat von Freytag hierdurch in Gnaden bekannt, wie daß der von Voltaire mit ehestem Frankfurt am Main passieren wird, als ist Seiner Königlichen Majestät Befehl, daß er sich mit Zuziehung des dortigen Hofrat Schmidt zu ihm verfügen, dem Voltaire im Namen Seiner Königlichen Majestät den Kammerherrnschlüssel wie auch das Kreuz und Band *pour le mérite* abfordern, und da auch der von Voltaire alle seine von hier abgehende Pakete und Emballagen dorthin adressiert, worunter von Seiner Königlichen Majestät höchst eigenen Händen viele Briefe und Skripturen sich befinden werden, als sollen gedachte Pakete und Emballagen, auch seine bei sich habenden Schatullen in Ihrer Gegenwart geöffnet werden, und alles Beschriebene abgenommen werden, ingleichen ein Buch, welches Einlagen besaget ...

Allenfalls er sich mit Gutem Obiges nicht wollen abnehmen lassen, soll er mit Arrest bedroht werden, und so dieses nichts helfen möchte, muß er wirklich arretiert werden, und ohne Komplimente alles genommen, Ihn aber alsdann reisen lassen.

Potsdam, 13. Juli 1753.

Brief Friedrichs des Großen an Keith. Quelle: s. o.

Endlich, lieber Lord, ist, wie ich glaube, die Geschichte mit dem Dichter und seiner Nichte, die, wie Sie sagen, wahrscheinlich ein ebenso liebenswürdiges A... ist als ihr boshafter Oheim, glücklich zu Ende. Die beiden haben meinem Residenten Freytag in Frankfurt am Main die schändlichsten Streiche gespielt, sodaß er dem Himmel dankt, sie los zu sein.

Der Dichter verlangte von der Königin von Ungarn, " ihn in ihren Dienst zu nehmen. Sie ließ ihm aber in geistvoller Weise antworten, Voltaire habe seine Stelle nur auf dem Parnaß, in Wien sei aber kein Parnaß: man könne ihn also dort nicht in würdiger Weise aufnehmen.

Darauf wandte er sich an meinen Oheim, den König von England, und bat um eine jährliche Pension von 800 Pfund Sterling, was ungefähr ebenso ist, als wenn jemand einem Romanhelden seine Geliebte abverlangt. Der König von England schnitt bei dieser Bitte ein fürchterliches Gesicht und schwur, niemals mehr eine Zeile von einem Dichter zu lesen, der England ruinieren wolle.

Endlich soll Voltaire nach Frankreich geschrieben haben, um die Erlaubnis zur Rückkehr zu erhalten, aber der Kriegsminister von Argenson erwiderte ihm, er würde besser tun, den Fuß nicht über die Grenze zu setzen. Was diesen letzten Umstand anbelangt, so werden Sie darüber besser unterrichtet sein als wir hier, und ich teile ihn Ihnen nur als Gerücht mit ...

Potsdam, 3. August 1753.

Brief Friedrichs des Großen an Keith. Quelle: s. o.

Mein lieber Lord, die Geschichte Voltaires und der Denis muß Ihnen beweisen, daß man niemand ungehört verurteilen darf. Beide haben in Frankreich solche Streiche gespielt, daß sie sich die schlechte Behandlung, die ihnen Freytag hat angedeihen lassen, lediglich selbst zuzuschreiben haben. Voltaire wollte den Sekretär des Residenten mit einer Pistole totschießen, und die Denis ließ es sich einfallen, die Kaiserliche Autorität gegen den Arrest anzurufen, den ich über Voltaire verhängt hatte. Alle diese Einzelheiten habe ich erst nach meinem letzten an Sie gerichteten Brief erfahren. Freilich würde Freytag nicht so streng und hart aufgetreten sein, wenn er sich etwas weniger an die Rechtsnormen gehalten und bedacht hätte, daß er mit einem Narren und einer Närrin zu tun hatte ...

Ich bin herzlich froh, daß ich die ganze Sache los bin: das müßte ein merkwürdig geschickter Mensch sein, der mich dazu brächte, mich noch einmal darauf einzulassen ...

Wie die Zeitgenossen den Vorfall in Frankfurt sahen, schildert Goethe in „Dichtung und Wahrheit“ (1. Teil 3. Buch):

„ ... Mein Vater zweifelte auch an dem Behagen des Präsidenten, und versicherte, der gute Oheim hätte besser getan, sich mit dem König nicht einzulassen, weil es überhaupt gefährlich sei, sich demselben zu nähern, so ein außerordentlicher Herr er auch übrigens sein möge. Denn man habe ja gesehen, wie schmählich der berühmte Voltaire, auf Requisition des preußischen Residenten Freitag, in Frankfurt sei verhaftet worden, da er doch vorher so hoch in Gunsten gestanden und als des Königs Lehrmeister in der französischen Poesie anzusehen gewesen. Es mangelte bei solchen Gelegenheiten nicht an Betrachtungen und Beispielen, um vor Höfen und Herrendienst zu warnen, wovon sich überhaupt ein geborener Frankfurter kaum einen Begriff machen konnte.“ (Goethe, Dichtung und Wahrheit.)

Voltaire selbst stellte die ganze Affäre folgendermaßen dar:

... Als ich aus meinem Alcina-Schloß auszog, verbrachte ich zunächst einen Monat bei der Herzogin von Sachsen-Gotha, der besten, mildesten, klügsten und ausgeglichensten Fürstin der Welt, die Gott sei Dank gar keine Verse verfaßte. Von da begab ich mich für einige Tage auf den Landsitz des Landgrafen von Hessen, der der Dichtkunst noch weit ferner stand als die Fürstin von Gotha. Ich atmete auf und setzte langsam meinen Weg über Frankfurt fort. Dort war es, wo mich mein sehr seltsames Geschick erwartete.

In Frankfurt wurde ich krank. Eine meiner Nichten, die Witwe eines Hauptmanns im Regiment Champagne, eine höchst talentvolle, sehr liebenswürdige Frau, die im übrigen in Paris als salonfähig galt, brachte es über sich, Paris zu verlassen, um mich am Main aufzusuchen; aber sie fand mich als Kriegsgefangenen wieder. Dieses schöne Abenteuer trug sich folgendermaßen zu:

In Frankfurt lebte ein gewisser Freytag, der aus Dresden ausgewiesen war, nachdem man ihn dort an den Pranger gestellt und zum Karrenschieben verurteilt hatte, und der inzwischen Bevollmächtigter des Königs von Preußen in Frankfurt geworden war, der sich gern solcher Gesandten zu bedienen pflegte, weil sie kein anderes Gehalt empfingen als das, was sie den Durchreisenden abzugaunern vermochten.

Dieser Geschäftsträger und ein Kaufmann namens Schmid, der vorher wegen Falschmünzerei zu einer Geldstrafe verurteilt worden war, gaben mir im Namen Seiner Majestät des Königs von Preußen ausdrücklich zu verstehen, daß ich Frankfurt keinesfalls verlassen dürfe, ehe ich nicht die kostbaren Gepäckstücke zurückgegeben hätte, die ich Seiner Majestät entführt haben sollte.

„Aber, meine Herren, ich habe nichts aus jenem Lande mitgenommen, das schwöre ich Ihnen, nicht einmal die geringste Sehnsucht. Um was für Juwelen der brandenburgischen Krone handelt es sich denn, die Sie zurückfordern?“

„Es handelt sich, mein Herr“, antwortete Freytag in greulichem Französisch, „um die Dichtungen meines gnädigen Herrn, des Königs.“

„Oh, ich werde ihm seine Prosa und seine Verse von Herzen gern zurückgeben“, erwiderte ich ihm, „obwohl ich nach allem mehr als ein Recht auf dieses Werk hätte. Er hat mir ein schönes, auf seine Kosten gedrucktes Exemplar zum Geschenk gemacht. Unglücklicherweise ist dieses Exemplar nebst meinen anderen Gepäckstücken noch in Leipzig.“

Darauf schlug mir Freytag vor, ich sollte so lange in Frankfurt bleiben, bis dieser noch in Leipzig befindliche Schatz einträfe; und er fertigte mir folgendes schöne Schreiben aus:

„Sehr geehrter Herr! Sobald Ihr großes Gepäck, in dem sich die Dichtungen meines Herrn, des Königs, befinden, die Seine Majestät zurückfordert, aus Leipzig hier eingetroffen ist und mir diese Gedichte ausgehändigt worden sind, können Sie reisen, wohin es Ihnen beliebt.

Frankfurt, am 1. Juni 1753, Freytag

Resident meines Herrn, des Königs.

Ich setzte unter dieses Schreiben: „Als Anweisung für den Gedichtband Ihres Herrn, des Königs“, worüber der Resident sehr befriedigt war.

Am 17. Juni traf der große Packen Gedichte ein. Ich gab getreulich dieses mir anvertraute geheiligte Gut wieder heraus und glaubte mich nun von hinnen begeben zu können, ohne mich gegen ein gekröntes Haupt zu vergehen; aber im Augenblick der Abreise arretierte man mich, meinen Sekretär und meine Leute. Auch meine Nichte wurde arretiert. Vier Soldaten schleppten sie mitten durch den Straßenschmutz zu dem Kaufmann Schmid, der ich weiß nicht welchen Titel eines königlich preußischen Geheimen Rates innehatte. Dieser Frankfurter Kaufmann fühlte sich nun als preußischer General und befehligte in der bedeutenden Affäre mit aller gebührenden Wichtigkeit und Würde zwölf Stadtsoldaten. Meine Nichte besaß einen Paß des Königs von Frankreich und hatte außerdem niemals die Gedichte des Königs von Preußen durchgesehen. Im allgemeinen pflegt man in den Schrecken des Krieges auf Damen Rücksicht zu nehmen; aber als der Geheime Rat Schmid und der Resident Freytag im Auftrage Friedrichs handelten, glaubten sie bei ihm Hofdienst zu tun, indem sie das arme schöne Geschlecht durch den Schmutz schleiften.

Man steckte uns beide in eine Art Gasthaus, vor dessen Tür zwölf Soldaten postiert wurden; vier weitere steckte man mir ins Zimmer, vier auf den Boden, wohin man meine Nichte gebracht hatte, vier in eine Dachkammer, in der es von allen Seiten zog und wo man meinen Sekretär auf Stroh schlafen ließ. Meiner Nichte stand tatsächlich ein kleines Bett zur Verfügung. Vorhang und Kammerfrauen jedoch ersetzten ihr ihre vier Soldaten mit aufgepflanztem Bajonett.

Wir mochten noch so sehr betonen, daß wir an den Kaiser appellieren würden, daß der Kaiser in Frankfurt gewählt worden sei, daß mein Sekretär Florentiner und somit Untertan Seiner Kaiserlichen Majestät sei, daß meine Nichte und ich Untertanen des Allerchristlichsten Königs seien und daß wir nichts mit dem Markgrafen von Brandenburg zu schaffen hätten – man entgegnete uns, der Markgraf habe in Frankfurt mehr Einfluß als der Kaiser. Zwölf Tage waren wir Kriegsgefangene und mußten hundertvierzig Taler pro Tag dafür bezahlen.

Der Kaufmann Schmid hatte sich meines gesamten Gepäcks bemächtigt, das mir um die Hälfte leichter zurückgegeben wurde. Teurer konnte man die Dichtungen des Königs von Preußen nun wirklich nicht bezahlen. Ich büßte bei alledem ungefähr die gleiche Summe ein, die er ausgegeben hatte, um mich zu sich kommen zu lassen und bei mir Stunden zu nehmen. Mithin waren wir quitt.

Um das Abenteuer vollständig zu machen, hatte sich damals ein gewisser van Duren, Verlagsbuchhändler in Den Haag, berufsmäßiger Gauner und Gewohnheitsbankrotteur, nach Frankfurt zurückgezogen. Es war derselbe Mann, dem ich dreizehn Jahre vorher Friedrichs Manuskript des „Antimachiavell“ geschenkt hatte. Seine Freunde trifft man im richtigen Augenblick wieder. Er behauptete nun, Seine Majestät schulde ihm noch einige zwanzig Dukaten, für die ich haftbar sei, und berechnete Zinsen und Zinseszinsen. Der edle Herr Fischard, Bürgermeister von Frankfurt, der sogar regierender Bürgermeister war, wie sich das nannte, fand in seiner Eigenschaft als Bürgermeister diese Berechnung durchaus gerechtfertigt, und in seiner Eigenschaft als regierender Bürgermeister ließ er mich dreißig Dukaten aus meiner Börse ziehen, von denen er sechsundzwanzig für sich behielt und nur vier diesem Gauner von einem Verlagsbuchhändler aushändigte.

Nachdem diese ganze Ostgoten- und Vandalenaffäre beendet war, umarmte ich meine Gastgeber und dankte ihnen für die liebevolle Aufnahme …

Lausanne, 5. Januar 1758.

Der König von Preußen sprach mit dem englischen Gesandten Mitchell über die schöne Unternehmung der englischen Flotte gegen unsere Küste und sagte zu ihm: „Nun, und was gedenken Sie jetzt zu tun?“ „Wir lassen eben den lieben Gott walten“, antwortete Mitchell. „Das wußte ich gar nicht, daß ihr auch den zum Verbündeten habt“, sagte der König. „Es ist der einzige, dem wir keine Hilfsgelder zu bezahlen haben“, war Mitchells Antwort. Der König: „Darum ist er auch der einzige, der euch nicht hilft.“

Lausanne, 8. Januar 1758.

Sie fragen mich, mein lieber alter Potsdamer Kamerad, wie Cineas sich mit Pyrrhus wieder versöhnt hat. Erstens, weil Pyrrhus aus meinem Trauerspiel *Mérope* eine Oper machte und sie mir zusandte. Sodann hatte er die Güte, mir seinen Kammerherrnschlüssel anzubieten, der freilich nicht der Schlüssel zum Paradies ist. Eine seiner Schwestern nämlich, die mir immer wohlgesinnt geblieben ist, war das Bindeglied bei diesem brieflichen Verkehr, der manchmal wieder auflebt zwischen dem Helden-

Dichter- Philosophen- Krieger, dem boshaften – sonderbaren – stolz – bescheidenen usw. und dem Schweizer Cineas, der sich von der Welt zurückgezogen hat.

Délices, September 1757.

Brief Voltaires an Friedrich den Großen

Majestät, erschrecken Sie nicht über einen langen Brief, das einzige, was Ihnen Schrecken einjagen kann. Ich bin von Eurer Majestät mit unendlich viel Güte aufgenommen worden; ich habe Ihnen angehört und mein Herz wird Ihnen stets gehören. In meinem stillen Heim weiß ich noch nicht, ob Eure Majestät der Armee des Herrn von Soubise schon entgegengetreten ist und sich durch neue Erfolge ausgezeichnet hat. Soviel sehe ich, daß Sie mit ebensoviel Tapferkeit wie Karl XII., aber mit weit überlegenem Geist, mehr Feinde zu bekämpfen haben als dieser König, da er in Stralsund eintraf. Das ist jedenfalls sicher, daß Ihr Ruhm größer sein wird bei der Nachwelt, weil Sie ebensoviele Siege erfochten haben, nur über Feinde, die weit kriegsgeübter waren als die seinigen, und weil Sie im Gegensatz zu ihm das Wohl Ihrer Untertanen gefördert haben durch Pflege der Künste, durch Gründung von Kolonien, durch Verschönerung der Städte. Dieses Verdienst können Ihnen Ihre größten Feinde nicht nehmen. Vielleicht ist Ihr Ruhm schon jetzt durch einen neuen Sieg vermehrt. Kein Unglück wird ihn Ihnen rauben.

Nun handelt es sich um Ihr Glück. Ich will mich in keiner Weise in Politik einmischen; das kommt mir nicht zu. Aber das darf ich doch denken, daß Sie, wenn das Glück Ihnen ganz zuwider wäre, in Frankreich, das eine Schutzmacht so vieler Verträge ist, eine Stütze fänden; es würden Ihnen noch Staaten genug bleiben, um eine bedeutende Stellung in Europa einzunehmen; der Große Kurfürst, Ihr Urgroßvater, hat an Achtung nicht eingebüßt, weil er einige seiner Eroberungen herausgeben mußte. Männer wie Cato und Othon, deren Tod Euer Majestät schön findet, hatten nur die Wahl zwischen Knechtschaft und Sterben. Unsere Sitten und unsere Kultur fordern entfernt keinen solchen Entschluß. Ihr

Leben ist unentbehrlich. Sie wissen, wie teuer es einer zahlreichen Familie ist, sowie allen denen, die die Ehre haben, Ihnen näher zu stehen. Ja, ich darf noch mehr sagen: Wenn Ihr Mut Sie zu diesem heldenhaften Gewaltakt triebe, – er würde nicht gebilligt werden; Ihre Anhänger würden ihn verurteilen und Ihre Feinde würden jubeln. Denken Sie auch an den Schimpf, den die fanatische Sippschaft der Frömmler Ihrem Andenken antäte. Man sollte diesen feigen Feinden des Menschengeschlechts nicht das Vergnügen lassen, einen so ehrwürdigen Namen zu beschmutzen.

Aber glücklicherweise sind Sie noch lange nicht zu solchen äußersten Schritten genötigt; ich erwarte alles von Ihrem Mut und Ihrem Geist, nur nicht jenen unglücklichen Entschluß, den eben dieser Ihr Mut mich allerdings befürchten ließe. Es wird ein Trost für mich sein, wenn ich aus dem Leben scheide, einen Philosophen-König auf Erden zu wissen.

Schloß Tournay bei Genf, 22. April 1760.

Brief Voltaires an Friedrich den Großen

Majestät! Ein kleiner Mönch von Saint Just sagte zu Karl V.: Heilige Majestät, Sie haben es doch satt bekommen, in der Welt Unruhe zu stiften; und nun müssen Sie auch noch einen armen Mönch in seiner Zelle unglücklich machen! Ich bin der Mönch, Sie aber haben nicht wie Karl V. auf die Größe und die Ärmlichkeit der Welt verzichtet. Wie grausam ist es von Ihnen, mir zu sagen, ich verleumde Maupertuis. Ich denke doch nur noch ans Sterben und mein Stündlein naht heran; also stören Sie diese Stunde nicht durch ungerechte Vorwürfe und durch harte Worte, die mir um so schmerzlicher sind, als sie von Ihrem Munde kommen.

Sie haben mir weh genug getan. Sie haben mich mit dem König von Frankreich auf immer entzweit; Sie haben mich um meine Ämter und Gnadengehälter gebracht, Sie haben mich in Frankfurt mißhandeln lassen, mich und eine unschuldige, eine hochachtbare Frau, die im Schmutz herumgezogen und ins Gefängnis gesteckt wurde. Und dann beehren Sie mich wieder mit Ihren Briefen, aber sie entleiden mir diesen süßen Trost mit bitteren Vorwürfen.

Der schlimmste Schaden, den Sie mit Ihren Werken angestiftet haben, ist der, daß die in ganz Europa verbreiteten Feinde der Philosophie haben sagen können: „Die Philosophen können nicht im Frieden und können nicht beieinander leben; da ist ein König, der nicht an Jesus Christus glaubt; er beruft einen Mann an seinen Hof, der auch nicht an ihn glaubt, und er mißhandelt ihn. Es ist kein menschliches Fühlen in diesen angeblichen Philosophen. Gott straft sie den einen mit dem andern."

Das sagt man, das druckt man allerorten, und während die Fanatiker einig sind, sind die Philosophen uneinig und unglücklich; und während man mich am Versailler Hof und auch sonst anklagt, ich habe Sie aufgereizt, gegen das Christentum zu schreiben, machen Sie mir Vorwürfe und verschaffen den schimpfenden Fanatikern diesen Triumph! Das verekelt mir die Welt mit vollem Recht; glücklicherweise lebe ich ferne von ihr auf meinen stillen Gütern. Ich will den Tag segnen, an dem ich, im Sterben, aufhören darf zu leiden, zu leiden besonders durch Sie, und dann will ich Ihnen ein Glück wünschen, das allerdings mit Ihrem Rang vielleicht nicht vereinbar ist und das allein die Philosophie Ihnen verschaffen könnte in den Stürmen Ihres Lebens. Wenn Ihnen Ihr Schicksal erlaubt, ausschließlich den Schatz der Weisheit zu pflegen, der in Ihnen liegt, jenen wunderbaren Schatz, der nur jetzt zu leiden hat unter den vom Genie nicht ablösbaren Leidenschaften, ein wenig auch unter launischem Temperament und unter den Fährlichkeiten Ihrer Lage, die Ihre Seele verbittern, unter dem leidigen Kitzel, der Sie immer treibt, andere Menschen zu demütigen und ihnen in Wort und Schrift Nadelstiche zu versetzen, eine Schadenfreude, die Ihrer um so unwürdiger ist, je höher Sie über anderen stehen an Rang und Genie – dann werden Sie alle diese Wahrheiten fühlen.

Verzeihen Sie diese Wahrheiten einem alten Mann, der nur noch kurze Zeit zu leben hat. Er sagt sie Ihnen um so freimütiger, als er, überzeugt von seinen eigenen Schwächen, die um vieles größer sind als die Ihrigen, nicht bei Ihnen in Verdacht stehen kann, daß er sich Ihnen gegenüber schuldlos fühlt. Er seufzt über die Fehler, die Sie begangen haben mögen, ebenso wie über die seinigen, und er wünscht aufrichtig, daß ein so großer Mann wie Sie in allem so glücklich und so groß sei, wie es sich für ihn gebührt.

Berlin, 8. Januar 1766.

Brief Friedrichs des Großen an Voltaire

Nein, es gibt keinen komischeren alten Herrn als Sie. Sie haben sich die ganze Heiterkeit und Grazie Ihrer Jugend bewahrt. Bei Ihrem Brief über die Wunder mußte ich fast bersten vor Lachen. Ich dachte nicht, daß ich auch darin vorkomme und sah mich zu meiner großen Überraschung zwischen die Österreicher und die Schweine gestellt. Ihr Geist ist immer noch jung, und solange er so bleibt, dürfen wir unbesorgt sein für den Leib. Daß Sie noch eine solche Fülle von Nervensaft haben, der das Gehirn belebt, beweist mir, daß Sie noch über sehr beträchtliche Lebenskräfte verfügen.

Hätten Sie mir vor zehn Jahren gesagt, was Sie am Schluß Ihres Briefs sagen, so wären Sie noch hier. Gewiß haben die Menschen ihre Schwächen, gewiß ist Vollkommenheit nicht das ihnen beschiedene Teil; ich fühle das selbst, wie ungerecht es ist, von anderen zu verlangen, was man selbst nicht leisten kann. Das hätten Sie gleich sagen sollen; dann wäre alles abgemacht, und ich hätte Sie geliebt mit allen Ihren Fehlern, weil Ihre vielen und großen Talente ein paar Schwächen weit aufwiegen. Nur die Talente unterscheiden den Pöbel vom großen Mann. Man kann sich so zügeln, daß man keine Verbrechen begeht; aber man kann nichts für ein Temperament, das gewisse Fehler hervorbringt; so wie gerade recht fruchtbarer Boden neben dem Weizen auch Unkraut aufkeimen läßt. Die „Infame“ bringt nur Giftkräuter hervor. Ihnen war es vorbehalten, sie zu zermalmen mit Ihrer furchtbaren Keule der Ironie, die stärkere Hiebe austeilt als alle Beweisführungen. Wenige können philosophieren, vor der Lächerlichkeit haben alle Angst.

Die sogenannten Gebildeten fangen in allen Ländern an zu denken. Im abergläubischen Böhmen, am alten Sitz des Fanatismus in Österreich öffnen die Leute von Stand allmählich die Augen. Die Heiligenbilder werden nicht mehr so verehrt wie ehedem. Der Hof mag den guten Schriften noch so viele Riegel vorschieben, die Wahrheit dringt doch durch. Die Fortschritte mögen langsam sein, es ist doch etwas Großes, daß eine gewisse Gesellschaftsschicht die Binde des Aberglaubens zerreißt. In unseren protestantischen Ländern geht es rascher; vielleicht braucht es nur noch ein Jahrhundert, und die Leidenschaften, die sich an der Frage *sub utraque* und *sub una*, entflammten, sind erloschen. Von dem weiten Herrschaftsbereich des Fanatismus sind höchstens noch Polen, Portugal, Spanien, Bayern die Länder, in denen die krasse Unwissenheit und der Stumpfsinn den Aberglauben noch aufrecht erhalten.

Und Ihre Genfer sind, seit Sie dort sind, nicht bloß Ungläubige, sie sind sogar alle Schöngeister geworden. Das ist ein Wunder, das Sie gewirkt haben. Denn was will das sagen, einen Toten auferwecken im Vergleich mit der Gabe, dem Phantasie zu verleihen, dem die Natur sie versagt hatte. Sie schaffen Wesen, wo Sie Hof halten. Sie sind der Prometheus von Genf. Wären Sie hier geblieben, dann wären wir heute etwas. Aber die Schicksalsmacht über uns hat uns nicht so viel Gutes gönnen wollen.

Kaum haben Sie Ihr Vaterland verlassen, so ist die Literatur dort in Verfall geraten. Der gute Geschmack in Rom wurde mit Virgil, Ovid und Horaz begraben. Ich fürchte, für Frankreich, das Sie verloren hat, das Los der Römer.

Doch komme was da will; ich bin doch Ihr Zeitgenosse gewesen. Mich halten Sie schon noch aus, und um die Geschmacklosigkeit und die Unfruchtbarkeit der Nachwelt sorge ich mich nicht ab.

Leben Sie wohl, bauen Sie Ihren Garten an; das ist doch das Gescheiteste.

Federic.

Potsdam, 30. Oktober 1770.

Brief Friedrichs des Großen an Voltaire

... Sie nehmen Anteil an dem Verlust, der mich durch den Tod meines Neffen von Braunschweig betroffen hat. Seine Lebenszeit war nicht lange genug, als daß er hätte ins Klare darüber kommen können, was er erkennen könnte und was er nicht zu wissen brauchte. Um doch eine Spur seines Daseins zu hinterlassen, hat er ein episches Gedicht begonnen. Er hat nicht lange genug gelebt, um es vollkommener zu gestalten. Wenn es je etwas nach diesem Leben geben sollte, dann verstünde er sicher mehr als wir alle miteinander. Aber es ist äußerst wahrscheinlich, daß er nichts weiß. Ein mir bekannter Philosoph, der recht entschiedene Überzeugungen hat, meint, unsere Wahrscheinlichkeitsgründe für die Meinung *post mortem nihil est* seien so stark, daß sie der Gewißheit gleich kommen.

Er behauptet, der Mensch sei kein doppeltes Wesen, wir seien nur Materie, die durch Bewegung beseelt sei; sobald die abgenützten Federn ihren Dienst versagen, gehe die Maschine zugrunde und ihre Teile lösen sich auf. Dieser Philosoph sagt ferner, es sei viel schwerer von Gott als vom Menschen zu sprechen, weil wir nur auf dem Weg von Hypothesen zu einer Ahnung von seiner Existenz kommen können und weil man es höchstens als die am wenigsten unvernünftige Annahme bezeichnen könne, wenn man an ihn als an das geistige Prinzip der Bewegung und des Beseelten in der Natur glaube. Mein Philosoph glaubt steif und fest, daß dieses geistige Prinzip sich um Mustapha so wenig kümmert wie um den „Allerchristlichsten", und daß die Schicksale der Menschen ihn so wenig beunruhigen als das, was einem Ameisenhaufen zustößt, den der Fuß eines Wanderers unwissentlich zertritt. Mein Philosoph sieht das Tierreich als ein zufälliges Naturerzeugnis an, wie den Sand, den Räder in Bewegung setzen, obwohl diese Räder zur Fortbewegung von Wagen bestimmt sind. Dieser merkwürdige Mensch sagt, die Tiere und das höchste geistige Wesen stehen in gar keinem Verhältnis zueinander, weil schwache Geschöpfe ihm weder schaden noch Dienste erweisen können; weil unsere Laster und Tugenden nur einen Sinn haben mit Bezug auf die

Gesellschaft, und weil die Belohnungen und Strafen, die wir von ihr erhalten, für uns genügen.

Würde, es hier ein heiliges Inquisitionstribunal geben, so hätte ich mich versucht gefühlt, meinen Philosophen zur Erbauung unseres Nächsten rösten zu lassen. Aber wir Hugenotten müssen diesen süßen Trost entbehren; und dann hätte das Feuer auch auf meinen Rock überspringen können. Ich habe also, tief geknickt durch seine Reden, mich aufgerafft, ihm die Leviten zu lesen. „Sie sind nicht rechtgläubig, mein Freund,“ habe ich zu ihm gesagt, „die allgemeinen Konzilien verdammen Sie einstimmig; und Gott der Vater, der immer alle Konzilien in seinen Hosentaschen herumträgt, um sie, wenn nötig, nachzuschlagen, wie der Doktor Tamponnet die „Summa“ des heiligen Thomas mit sich herumträgt, Gott wird sich ihrer bedienen, um Sie in aller Strenge zu richten.“ Mein Vernunftkünstler, statt sich so kräftigen Vermahnungen zu fügen, wünschte mir Glück dazu, daß ich die Wege zu Paradies und Hölle so genau kenne, ermahnte mich, ich solle doch eine Karte dieser Gegenden entwerfen und ein Reisehandbuch mit Nachtlagerausweisen zu Nutz und Frommen der Wanderer herausgeben und sie besonders auf die guten Herbergen aufmerksam machen.

Das kommt dabei heraus, wenn man die Ungläubigen bekehren will. Ich überlasse sie ihrem Wandel; da gilt das Wort: Rette sich, wer kann! Uns aber verheißt unser Glaube, daß wir geradeswegs zum Paradies fahren werden. Immerhin, beeilen Sie sich ja nicht mit dem Aufbruch: Ein Sperling in dieser Welt ist mehr wert als zehn Tauben in jener. Geben Sie Ihrer Genfer Kolonie Gesetze, arbeiten Sie zu Ehren des Parnasses, erleuchten Sie die Welt, schicken Sie mir Ihre Widerlegung des „Systems der Natur“, und nehmen Sie mit meinen besten Wünschen die Wünsche aller Bewohner des Nordens und dieser Länder.

Federic.

Ferney, 21. November 1770.

... Der Herzog von Braunschweig stand Ihnen also auch nahe; er dichtete also auch wie Sie und der König von China. Eure Majestät mag ermessen, wie sehr sein Verlust mir nahegeht.

Ich fürchte gleich Ihnen, daß er nichts weiß von dem großen Geheimnis der Natur, so tot er auch sein mag. Ihr haarsträubender Mensch, der so sicher ist, daß alles mit uns stirbt, könnte sehr wohl recht haben, wie auch der Verfasser des „Predigers“, den man dem Salomo zuschreibt, der diese Meinung an zwanzig Stellen predigt, wie auch Cäsar und Cicero, die sie im offenen Senat verkündigten, wie auch der Verfasser der „Troade“, der das auf dem Theater vor vierzig- bis fünfzigtausend Römern sagte, wie das auch so viele böse Leute heute denken, wie das auch jeder zu beweisen scheint, der in einen tiefen Schlummer versinkt oder der in Betäubung sinkt.

Ich weiß nicht, was Mustapha von dieser Sache hält, ich denke, daß er gar nicht denkt und daß er es treibt, wie es viele Mustaphas seines Schlags treiben. In Bezug auf die russische Kaiserin, die schwedische Königin, Ihre Schwester, glaube ich zu wissen, was sie denken. Sie haben mir mit der Hoffnung geschmeichelt, daß auch der Kaiser sich auf dem Weg zur Verdammnis befinde; das nenne ich mir einen guten Rekruten für die Philosophie. Schade, daß es bald keine Hölle und kein Paradies mehr gibt; das war so eine interessante Geschichte; bald wird einem nur noch übrig bleiben, Gott um seiner selbst willen zu lieben, ohne Furcht und ohne Hoffnung, wie man die mathematischen Wahrheiten liebt; aber diese Liebe ist nicht so gar heftig; die Liebe zur Wahrheit hat etwas Kühles.

Übrigens verfügt Ihr haarsträubender Mensch über keine Beweise; er hat nur die allerstärksten Wahrscheinlichkeitsgrade für sich; da müßte man sich bei Ganganelli erkundigen; man sagt, er sei ein guter Theologe. Wenn das der Fall ist, so ist anzunehmen, daß er kein perfekter Christ ist. Aber der schlaue Fuchs wird sich nicht in die Karten sehen lassen. Er kocht sich sein Süppchen für sich, wie, das der Marquis d'Argenson von einem der Könige Europas sagte.

Wenn auch nur die mathematischen Wahrheiten bewiesen sind, so dürfen Sie doch überzeugt sein, Majestät, daß von allen wahrscheinlichen Wahrheiten die sicherste ist, daß Ihr Ruhm der Unsterblichkeit gewiß ist, und daß meine ehrfurchtsvolle Anhänglichkeit an Sie erst endigen wird, wenn mein armes und jämmerliches Wesen dem Gesetz seinen Zoll entrichtet, das auf die größten Könige wartet wie auf die geringsten Welschen.

Materialismus oder Gottesglaube?

Die Erkenntnis eines Gottes ist uns nicht von der Natur eingeprägt. Sonst hätten alle Menschen die gleiche Vorstellung; nun ist aber keine einzige Vorstellung mit uns geboren. Sie kommt uns nicht zu wie die Wahrnehmungen des Lichts, der Erde usw., die wir haben, sobald unsere Sinne und unser Verstand sich öffnen. Ist es ein philosophischer Gedanke? Nein. Die Menschen haben das Dasein von Göttern angenommen, ehe es Philosophen gab.

Woher stammt dann also dieser Gedanke? Aus dem Gefühl und aus der natürlichen Logik, die sich auch in den rohesten Menschen entwickelt, wenn sie älter werden. Man hat erstaunliche Wirkungen der Natur beobachtet, fruchtbare und unfruchtbare Zeiten, heitere und stürmische Tage, Wohltätiges und Plagen, und man hat einen Herrn gespürt. Man hat Häuptlinge gebraucht zur Leitung der menschlichen Gemeinschaften, und man hat das Bedürfnis gefühlt, Oberherren für diese neuen Oberherren anzunehmen, welche die menschliche Schwachheit über sich gesetzt hatte, Wesen, vor deren überlegener Gewalt auch *die* Menschen zittern müßten, die ihre Nebenmenschen in den Staub treten konnten. Und die ersten Herrscher ihrerseits haben sich ebenfalls dieser Begriffe bedient, um ihre Macht zu unterbauen. Auf diesen Wegen gelangte jede kleine Gemeinschaft zu ihrem Gott. Diese Begriffe waren noch ganz grob und roh; alles war ja grob und roh. Es ist durchaus natürlich, sich seine Gedanken zu bilden, indem man von Vergleichen ausgeht. Eine Gemeinschaft, die unter einem Häuptling stand, konnte nicht leugnen, daß die Gemeinschaft neben ihr auch einen Richter, einen Anführer im Krieg hatte; so konnte sie auch nicht leugnen, daß sie ebenfalls einen Gott hatte. Aber wie jeder Völkerschaft daran gelegen sein mußte, daß *ihr* Anführer mehr taugte, so mußte ihr daran gelegen sein zu glauben und so glaubte sie, daß *ihr* Gott der mächtigere sei. Daher stammen jene alten Fabeln, die so lange im Schwange waren, daß die Götter eines Volkes mit den Göttern eines anderen Volkes im Kampf liegen. So erklären sich die vielen Stellen in den hebräischen Büchern, die auf Schritt und Tritt die Überzeugung der Juden aufdecken, nach der ihnen feststand, daß die Götter ihrer Feinde existierten, daß aber der Judengott ihnen überlegen sei.

Mittlerweile gab es Priester, Magier, Philosophen in den Großstaaten, in denen die Fortschritte der Gesellschaft es ermöglichten, daß Menschen da waren, die sich mit einiger Muße der Gedankenforschung hingeben konnten.

Einige von diesen bildeten ihr Denkvermögen soweit aus, daß sie im Geheimen einen einzigen, allgemeinen Gott anerkannten. So betete man bei den alten Ägyptern zwar Osiri, Osiris oder Osireh an – der Name bedeutet: dieses Land gehört mir; sie beteten auch noch andere höhere Wesen an; und doch nahmen sie einen höchsten Gott an, ein einziges Grundwesen, das sie Kneph nannten und dessen Sinnbild eine Kugel über dem Giebel des Tempels war. Nach diesem Vorbild bekamen die Griechen ihren Zeus, ihren Jupiter, den Herrn der anderen Götter, die nichts anderes waren, als was die Engel bei den Babyloniern und bei den Hebräern sind oder die Heiligen bei den römisch-katholischen Christen.

Es ist eine Frage, die heikler ist, als man gemeinhin denkt, eine Frage, über die man noch durchaus nicht genügend nachgedacht hat, ob mehrere an Macht gleiche Götter nebeneinander bestehen können.

Wir haben keinerlei sachgemäßen Begriff von der Gottheit, wir schleppen uns nur fort von Mutmaßung zu Mutmaßung, von wahrscheinlichen Ansichten zu annehmbaren Ansichten. Die Zahl der sicheren Überzeugungen, zu denen wir gelangen, ist sehr gering. Es gibt etwas von Ewigkeit her; denn nichts stammt von nichts. Das ist eine sichere Wahrheit, auf die sich unser Geist verlassen kann. Jedes Werk, das uns Mittel und Zweck aufzeigt, kündigt einen Werkmeister an. Also offenbart uns dieses Weltall, das eine Zusammensetzung von Springfedern und Mitteln ist, deren jedes einem Zweck entspricht, einen höchst mächtigen, höchst verständigen Werkmeister. Das ist eine Wahrscheinlichkeit, die der höchsten Gewißheit nahekommt. Aber ist dieser höchste Baumeister unendlich groß? Ist er allgegenwärtig? Ist er an *einem* Ort? Wie sollen wir mit unserem beschränkten Verstand, mit unseren geringen Kenntnissen diese Frage beantworten?

Meine Vernunft allein für sich vermag mir zu beweisen, daß es ein Wesen gibt, das den Stoff dieser Welt gestaltet hat; aber meine Vernunft hat nicht die Kraft mir zu beweisen, daß es diesen Stoff geschaffen, daß es ihn aus dem Nichts gezogen hat. Alle Weisen des Altertums haben ohne jede Ausnahme den Stoff für ewig gehalten und als etwas angesehen, das aus sich selbst heraus besteht. Ohne die Hilfe einer übernatürlichen Erleuchtung kann ich also nicht weiter kommen als zu dem Glauben, daß der Gott dieser Welt auch ewig ist und aus sich selbst heraus besteht; Gott und der Stoff sind da kraft natürlicher Notwendigkeit. Sollten andere Götter, sollten andere Welten nicht auch da sein? Haben doch ganze Völker, hochgebildete Denkergemeinschaften das Dasein von zwei Göttern in dieser Welt angenommen, von denen der eine der Urquell des Guten, der andere der Urquell des Bösen sein sollte. Sie haben einen endlosen Kampf zwischen zwei gleichstarken Mächten angenommen. Gewiß liegt es eher in der Natur der Dinge, daß es im unendlichen Raum mehrere unabhängige Wesen gibt, die jedes in seinem Bezirk unbedingt herrschen, als daß es in dieser Welt zwei beschränkte, kraftlose Wesen gibt, von denen das eine nur das Gute, das andere nur das Böse hervorbringen kann. Wenn Gott und der Stoff von Ewigkeit her da sind, wie es der Glaube des Altertums war, so haben wir zwei notwendige Wesen; wenn es aber zwei notwendige Wesen gibt, so kann es deren auch dreißig geben. Schon diese Zweifel allein für sich, die auf unendlich viele weitere Gedankenmöglichkeiten hinführen, genügen, um uns von der Schwäche unserer Fassungskraft zu überzeugen. Wir müssen mit Cicero unsere Unwissenheit in Betreff des Wesens der Gottheit bekennen. Nie werden wir mehr wissen, als er wußte.

Mag uns die Schulgelehrsamkeit sagen, Gott sei negativ unendlich, aber nicht privativ; *formaliter*, aber nicht *materialiler*; er sei der erste, der mittlere und der letzte *Actus*, er sei überall, ohne irgendwo zu sein: hundert Seiten Erklärungsschriften über derartige Begriffsbestimmungen können uns nicht den geringsten Aufschluß geben. Es fehlt uns an Stufen, es fehlt uns an Stützpunkten, um uns zu der Höhe solcher Erkenntnisse zu erheben. Wir fühlen, wir sind in der Hand eines unsichtbaren Wesens; das ist alles; darüber hinaus können wir keinen Schritt vordringen. Es ist eine sinnlose Verwegenheit, wenn man erraten will, wer dieses Wesen ist, ob es ausgedehnt ist oder nicht, ob es an einem Ort existiert oder nicht, wie es existiert, wie es wirkt.

Wider den Materialismus und Atheismus

Ich bin Körper; es gibt keinen Geist.“ Das scheint mir sehr roh gedacht. Wenn ich den Befehlen meines Generals gehorche oder wenn man den meinigen gehorcht, so sind diese unsere Willenskräfte keine Körper, die andere in Bewegung setzen nach den Gesetzen der Bewegung, so wenig ein Gedankengang ein Trompetenton ist. Man befiehlt mir mit dem Geist, und ich gehorche mit dem Geist. Die kundgegebene, die vollzogene Willensmeinung ist weder ein Würfel, noch eine Kugel, sie hat keine Gestalt, hat also nichts mit dem Stoff zu tun. Ich darf sie also als immateriell ansehen. Ich darf also glauben, daß es etwas gibt, das nicht Materie ist.

A: Die Materie mag ewig sein; daraus folgt nicht, daß sie Werke schaffen kann, durch die hohe, planvolle Gedanken durchleuchten. Dieser Stein mag ewig sein. Die Homerische Ilias wird er nie hervorbringen können.

B: Nein, der Stein nicht, so wenig er ein Pferd hervorbringt. Aber die Materie, die im Laufe der Zeit sich organisiert, kann ein Pferd hervorbringen; und, wenn sie sich noch feiner organisiert, die Ilias.

A: Ich darf nichts ohne Beweis annehmen. Ich will Ihnen Knochen, Fleisch und Blut geben. Würden Sie sich anheischig machen, mit diesen Ingredienzien ein Pferd hervorzubringen?

B: Nein, das übersteigt *meine* Kräfte. Aber nicht die der Natur. Es braucht Millionen von Jahrhunderten, damit die Natur, die alle möglichen Formen durchprobiert, schließlich bei der einen anlangt, die lebende Wesen hervorbringt.

A: Wenn die Zeit *Ihres* Lebens nicht genügt, auch nur einen Pilz hervorzubringen, wird die Lebenszeit eines anderen Menschen genügen? Was ein Jahrhundert nicht gekonnt hat, wie sollen das viele Jahrhunderte können? Die Materie allein für sich kann sich keine solche Formen geben. Niemand hat meines Wissens einen solchen Vorgang gesehen; niemand also braucht daran zu glauben.

Es ist komisch, daß das Denken ganz vom Magen abhängt, und daß doch die besten Mägen nicht die besten Denker sind.

Eben habe ich ein neues Buch über das Dasein Gottes gelesen – von Herrn Bullet. Er scheint mir mehr als recht beängstigt von dem großen Beweis der Atheisten aus dem Würfelbecher: wenn man die Buchstaben des Alphabets herauswürfle, so könne der Zufall durch eine bestimmte Zahl von Würfen auch einmal die Aeneis herausschütteln. Zum ersten Wort *Arma* braucht es nur 24 Würfe; damit wir *Arma virumque* bekommen, nur 120 Millionen; das ist eine Kleinigkeit; und in einer unzählbaren Zahl von Milliarden von Jahrhunderten könnte man endlich durch eine unzählbare Zahl von Zufällen auf seine Rechnung kommen. Es steht also eins gegen eine unzählbare Zahl von Ziffern, daß die Welt sich selbst bilden könnte. Also haben wir eine unzählbare Zahl von Wahrscheinlichkeiten, daß es einen gestaltenden Gott gibt. Und Sie, meine Herren, haben höchstens die Eins für sich.

Außerdem ist die Weltmaschine viel verwickelter als die Aeneis. Zwei Aeneiden zusammen machen keine dritte, aber zwei belebte Geschöpfe machen ein drittes, und dieses wieder eines seinerseits; was bei der Wette die Aussichten für mich ganz ungeheuer vermehrt. – Nein, lieber Marquis, am Atheismus ist nichts Gutes; er ist eine naturwissenschaftlich wie moralisch schlechte Weltanschauung. Der gebildete Mann, der gegen Aberglauben, Fanatismus und Verfolgungsgeist zu Felde zieht, leistet der Menschheit einen Dienst; aber welchen Dienst leistet der, der den Atheismus verbreitet? Werden die Leute sittlich besser, wenn sie keinen Gott anerkennen, der die Tugend befiehlt? Die Fürsten und ihre Minister sollen nur einen solchen anerkennen, und dazu einen, der straft und vergibt. Ohne diesen Zügel fürchte ich, sind sie wilde Tiere, die mich nur dann nicht fressen, wenn sie ausgiebig gespeist haben und auf ihrem Ruhebett mit ihren Mätressen behaglich verdauen; die mich aber ganz sicher fressen, wenn sie, vom Hunger geplagt, mich in ihren Klauen haben und die, wenn sie mich fressen, an gar nichts Böses denken. – Der Atheismus war in Italien im 15. und 16. Jahrhundert sehr im Schwang, und mit ihm viele Verbrechen am päpstlichen Hof der Alexander VI., Julius II., Leo X.!

Die ergiebigste Quelle des Atheismus, das sind die theologischen Streitereien. Ein Theologe muß sich sagen: Ich habe immer nur dummes Zeug gehört und geschwatzt in meinem Hörsaal, also ist meine Religion lächerlich; da sie aber unbestritten noch die beste von allen ist, so ist auch die beste nichts wert; also gibt es keinen Gott.

Ich werde ja freilich einen königlichen Beichtvater wie Le Tellier, einen blutdürstigen verruchten Richter vom Dasein eines vergeltenden Gottes nicht überzeugen; aber bei aufrichtigen Seelen wird mir das gelingen. Wenn es ein Wahn ist, so gibt es keinen schöneren Wahn.

Natur und Gott

Zwiegespräch zwischen dem Philosophen und der Natur

Der Philosoph: Wer bist du, Natur? Ich lebe in dir, seit fünfzig Jahren suche ich dich, und noch habe ich dich nicht finden können.

Die Natur: Die alten Ägypter machten mir denselben Vorwurf. Sie hießen mich Isis; sie hüllten meinen Kopf in einen großen Schleier und behaupteten, niemand könne ihn heben.

Der Philosoph: Deshalb wende ich mich ja an dich. Ich habe es wohl vermocht, einige deiner Himmelskugeln zu messen, ihre Bahnen zu erkennen und die Gesetze der Bewegung zu bestimmen; aber wer du bist, habe ich nicht herausgebracht. Verhältst du dich immer wirkend oder immer untätig? Haben sich deine Elemente von selbst geordnet so wie das Wasser sich über den Sand legt, das Öl über das Wasser, die Luft über das Öl? Hast du einen Geist, der all dein Wirken leitet, wie die Konzilien erleuchtet werden, sobald sie zusammentreten, obwohl ihre einzelnen Mitglieder hie und da Nichtskenner sind. Bitte, sage mir doch das lösende Wort für dein Rätsel!

Die Natur: Ich bin das große All. Mehr weiß ich nicht. Ich bin keine Mathematikerin und doch ist alles bei mir nach mathematischen Gesetzen geordnet. Rate, wenn du kannst, wie das alles sich gebildet hat!

Der Philosoph: Da dein großes All nichts von Mathematik versteht und da doch die Gesetze die tiefste Geometrie verraten, so muß ganz sicher ein ewiger Geometer da sein, der dich leitet, eine höchste Vernunft, die über deinem Wirken waltet.

Die Natur: Du hast recht. Ich bin Wasser, Erde, Feuer, Atmosphäre, Metall, Mineral, Stein, Pflanzenwesen, Tierwesen. Ich fühle wohl, daß in mir eine Vernunft waltet. Du hast eine solche und siehst sie nicht. Ebensowenig sehe ich die meine. Ich fühle diese unsichtbare Macht; erkennen kann ich sie nicht. Warum möchtest nun du, der du nur ein kleiner Teil von mir selbst bist, das wissen, was ich nicht weiß?

Der Philosoph: Wir sind neugierig. Ich möchte wissen, wie es kommt, daß du roh und unbeholfen bist in deinen Bergen, in deinen Wüsten, in deinen Meeren und dabei doch so sinnreich und so kunstreich scheinst in deinen Tier- und Pflanzenwesen.

Die Natur: Mein armes Kind, soll ich dir die Wahrheit sagen? Man hat mir nämlich einen Namen gegeben, der mir nicht zukommt; man nennt mich Natur, und ich bin doch ganz Kunst.

Der Philosoph: Dieses Wort wirft alle meine Gedanken über den Haufen. Was? Die Natur wäre nichts als Kunst?

Die Natur: Ja gewiß. Weißt du nicht, daß unendlich viel Kunst in diesen Meeren, in diesen Bergen steckt, die du so roh findest? Weißt du nicht, daß all dieses Wasser vermöge der Schwerkraft zum Mittelpunkt der Erde hinstrebt und sich nach unverbrüchlichen Gesetzen hebt; daß die Berge, die die Erde bekrönen, ungeheure Sammelbecken für den ewigen Schnee sind, der unaufhörlich diese Quellen, diese Seen, diese Flüsse hervorbringt, ohne die mein Tierreich und mein Pflanzenreich zugrunde gehen müßten. Und wenn man von meinem Tierreich, Pflanzenreich, Mineralreich redet, so siehst du allerdings nur *drei* Reiche, laß dir sagen, daß ich deren Millionen habe. Aber wenn du auch nur die Bildung eines Insekts, eines Getreidehalms, des Goldes oder des Kupfers genau betrachtest, so wird sich dir das alles als Wunderwerk der Kunst enthüllen.

Der Philosoph: Das ist richtig. Je mehr ich darüber nachdenke, um so besser sehe ich, daß du nur die Kunst eines gewissen unerklärlichen, sehr mächtigen, sehr sinn- und kunstreichen großen Wesens bist, das sich verbirgt und das sich offenbart. Alle Gedankenkünstler seit Thales und wahrscheinlich schon lange vor ihm, haben Blindekuh mit dir gespielt. Sie sagten: „Ich habe dich“, und sie hatten nichts. Wir sind alle wie Ixion: er meinte, er umarme Juno; was er genießen durfte, war nur eine Wolke.

Die Natur: Da ich alles bin was ist, wie könnte ein Wesen, das dir gleicht, wie könnte ein so kleiner Teil meiner selbst mich erfassen? Lasst euch genügen, Atome, ihr meine Kinder, wenn ihr einige Atome seht, die euch umgeben, wenn ihr einige Tropfen meiner Milch trinken, einige Augenblicke an meinem Busen hindämmern dürft und dann sterbt, ohne eure Mutter und Amme kennengelernt zu haben.

Der Philosoph: Liebe Mutter, sage mir doch einmal, warum du da bist, warum überhaupt etwas da ist!

Die Natur: Ich will dir die Antwort geben, die ich nun schon so viele Jahrhunderte her allen denen gebe, die mich nach den ersten Grundbegriffen ausfragen: „Das weiß ich nicht.“

Der Philosoph: Wäre das Nichts nicht besser als diese Masse Wesen, die geschaffen werden, um sich unaufhörlich wieder aufzulösen, diese Menge Tiere, geboren und wiedererzeugt nur um andere zu verschlingen und selbst verschlungen zu werden, diese Menge gefühlsbegabter Wesen, die zu so vielen schmerzlichen Gefühlen bestimmt sind; und dann wieder diese Menge vernünftiger Wesen, die doch so selten Vernunft annehmen. Was hat das alles für einen Sinn, Natur?

Die Natur: Geh nur hin und frage den, der mich gemacht hat.

Gibt es einen „lieben" Gott? Gibt es eine Vorsehung?

Ich war im Sprechzimmer, als Schwester Fessue zu Schwester Confite sagte: die Vorsehung sorgt sichtlich für mich; Sie wissen, wie gern ich meinen Sperling habe; er wäre gestorben, wenn ich nicht neun Ave-Maria für ihn gebetet hätte, um seine Heilung zu erwirken. Gott hat meinem Sperling wieder das Leben geschenkt; danken wir der heiligen Jungfrau.

Ein Metaphysiker sagte zu ihr: Liebe Schwester, es geht nichts über Ave-Marias, besonders wenn ein Mädchen in einer Vorstadt von Paris sie lateinisch hersagt; aber ich glaube nicht, daß Gott sich viel mit Ihrem Sperling befaßt, so hübsch er ist. Denken Sie doch, bitte, daran, daß er noch anderes zu tun hat. Er muß fortwährend den Lauf von sechzehn Planeten und vom Ring des Saturn leiten, in deren Mittelpunkt er die Sonne gesetzt hat, die so groß ist wie eine Million unserer Erdkugeln. Er hat Milliarden über Milliarden anderer Sonnen, Planeten und Kometen zu lenken. Seine unwandelbaren Gesetze und seine ewige Mitwirkung halten die ganze Natur in Bewegung. Alles hängt an seinem Thron an einer unendlichen Kette, von der nicht ein einziges Glied je verschoben werden kann. Wenn Ave-Marias die Kraft gehabt hätten, dem Sperling der Schwester Fessue einen Augenblick länger das Leben zu erhalten als ihm zu leben beschieden war, so hätten diese Ave-Maria alle Gesetze durchbrochen, die das große Wesen von Ewigkeit her aufgestellt hat; Sie hätten das Weltall umgestürzt; Sie hätten eine neue Welt, einen neuen Gott, eine neue Ordnung der Dinge haben müssen.

Schwester Fessue: Was! Sie glauben, daß Gott sich so wenig um Schwester Fessue kümmert?

Der Metaphysiker: Ich muß Ihnen zu meinem Bedauern sagen, daß Sie gerade so wie ich selbst nichts sind als ein unscheinbares, kleines Gelenk in der unendlichen Kette. Ihre Glieder, wie die Ihres Sperlings und wie die meinigen, sind dazu bestimmt, eine genau gegebene Zahl von Minuten in dieser Pariser Vorstadt da zu sein.

Schwester Fessue: Wenn es sich so verhält, so war es mir vorausbestimmt, eine genau gegebene Zahl von Ave-Marias zu beten.

Der Metaphysiker: Jawohl; aber Sie haben Gott nicht dazu gezwungen, Ihrem Sperling das Leben über sein Ziel hinaus zu verlängern. Die Einrichtung der Welt brachte es mit sich, daß Sie in diesem Kloster zu einer bestimmten Stunde in einer gewissen Sprache, die Sie nicht verstehen, wie ein Papagei gewisse Worte hersagten; daß dieser Vogel, der wie Sie kraft unverbrüchlicher allgemeiner Gesetze geboren wurde, erst krank und dann wieder gesund wurde; daß Sie sich der Einbildung hingeben, ihn mit Worten geheilt zu haben, und daß wir jetzt miteinander diese Unterhaltung führen.

Schwester Fessue: Mein Herr, solche Reden schmecken nach Ketzerei. Mein Beichtvater, der hochwürdige Pater de Menou wird daraus schließen, daß Sie nicht an die Vorsehung glauben.

Der Metaphysiker: Ich glaube an die allgemeine Vorsehung, meine liebe Schwester, an die, aus der von aller Ewigkeit das Gesetz herrührt, das alle Dinge regelt, wie das Licht aus der Sonne quillt. Aber ich glaube nicht, daß eine besondere Vorsehung Ihrem Sperling oder Ihrer Katze zuliebe die Weltordnung ändert.

Schwester Fessue: Wie aber, wenn mein Beichtvater Ihnen sagt, wie er es mir gesagt hat, daß Gott frommen Seelen zulieb jeden Tag seinen Willen ändert?

Der Metaphysiker: Dann sagt er mir die blödeste Dummheit, die ein Beichtvater alter Jungfern einem denkenden Menschen sagen kann.

Schwester Fessue: Mein Beichtvater ein Dummkopf! Heilige Jungfrau Maria!

Der Metaphysiker: Das habe ich nicht gesagt. Aber das sage ich: nur mit einer ungeheuren Dummheit kann er die falschen Grundsätze rechtfertigen, die er Ihnen – vielleicht sehr schlau – beigebracht hat, um Sie am Leitseil zu führen.

Schwester Fessue: Potz tausend! Das will ich mir merken. Darüber muß ich nachdenken.

Die Menschen schaffen Gott nach ihrem Bilde. Das gemeine Volk denkt sich Gott wie einen König, der mit seinem ganzen Hof großen Gerichtstag abhält. Die zärtlichen Herzen stellen sich ihn als Vater vor, der für seine Kinder sorgt. Der Weise schreibt ihm keine menschliche Gemütserregung zu. Er erkennt eine notwendige ewige Macht an, die die Natur durchdringt, und er bescheidet sich.

Das Dasein von himmlischen und höllischen Mächten, von guten und bösen Engeln läßt sich mit Vernunftgründen nicht beweisen; ihr Nichtdasein ebensowenig. In der Anerkennung von wohltätigen oder bösartigen Substanzen, die dem Wesen nach weder Gott noch Mensch sind, liegt an sich kein innerer Widerspruch. Aber um eine Sache zu glauben, dazu genügt nicht, daß sie bloß möglich ist.

Gibt es Zwecke in der Welt?

Teleologie oder mechanistische Weltauffassung?

Wenn eine Uhr nicht verfertigt ist, um Zeit und Stunde anzuzeigen, dann will ich gerne gestehen, daß die Zweckursachen Wahngebilde sind; dann lasse ich mir's gefallen, daß man mich einen Cause-finalier, das heißt: einen Dummkopf schilt.

Und doch scheinen alle Teile der Maschine dieser Welt füreinander bestimmt zu sein. Einige Philosophen tun sich etwas darauf zugute, sich über die schon von Epikur und Lukrez abgelehnten Zweckursachen lustig zu machen. Lustig machen sollte man sich, meines Bedünkens, über Epikur und Lukrez. Da sagen sie einem, das Auge sei nicht dazu gemacht, daß man sehe, man habe sich seiner nur zu diesem Zweck bedient, als man merkte, man könne die Augen dazu brauchen. Hört man sie, so ist der Mund nicht zum Sprechen und Essen gemacht, der Magen nicht zum Verdauen, das Herz nicht zur Aufnahme des Blutes aus den Blutadern und zu seiner Überleitung in die Schlagadern, die Füße nicht zum Gehen, die Ohren nicht zum Hören. Dieselben Leute würden ohne weiteres zugeben, daß die Schneider ihnen Kleider machen, sie zu kleiden, die Maurer Häuser, daß sie darin wohnen. Aber der Natur, dem großen Wesen, der Allvernunft, streiten sie kühn ab, was sie ihren niedersten Arbeitern zugestehen.

Man darf gewiß keinen Mißbrauch mit den Zweckursachen treiben. Wir haben bemerkt, daß der Herr Prior im „Schauspiel der Natur“ behauptet, der Ozean habe dazu seine Gezeiten, daß die Schiffe leichter in die Häfen einlaufen können und daß das Meerwasser nicht versumpfe. Er wird uns nicht weismachen, daß die Beine zum Tragen von Stiefeln und die Nasen zum Tragen von Brillen geschaffen sind.

Will man sicher gehen in der Frage nach dem richtigen Zweck für das Wirken einer Ursache, so muß man die Wirkung zu jeder Zeit und an allen Orten beobachten können. Schiffe hat es nicht zu jeder Zeit und auf allen Meeren gegeben; darum kann man nicht sagen, der Ozean sei der Schiffe wegen da. Man fühlt, wie lächerlich die Behauptung ist, dic Natur habe sich jederzeit unseren willkürlichen technischen Erfindungen angepaßt, die doch alle so spät erst aufgetaucht sind. Aber das ist klar, daß die Nasen zwar nicht der Brillen wegen, aber des Riechens wegen da sind und daß es Nasen gibt, seit Menschen da sind. Und so sind uns auch die Hände nicht gegeben, um die Handschuhmacher ins Brot zu setzen, aber sie sind sichtlich für alle die Leistungen da, zu denen uns die Mittelhand- und die Fingerknochen und die Bewegungen des Handwurzelbandes instandsetzen. Cicero, der an allem zweifelte, hat doch an den Zweckursachen nicht gezweifelt.

Die Tatsache besonders läßt sich kaum leugnen, daß die Zeugungsorgane dazu da sind, daß die Gattung fortgepflanzt wird. Diese Einrichtung ist höchst wunderbar, noch wunderbarer aber ist der

Gefühlseindruck, den die Natur mit der Wirkung dieser Einrichtung verknüpft hat. Epikur mußte gestehen, daß die Lust etwas Göttliches ist und daß diese Lust eine Zweckursache ist, durch die unaufhörlich gefühlsfähige Wesen ins Leben treten, die dieses Gefühl sich nicht selbst haben geben können. Dieser Epikur war – für seine Zeit – ein großer Mann. Er sah, was Descartes in Abrede stellte, was Gassendi behauptete und Newton bewies, daß es nämlich keine Bewegung gibt ohne leeren Raum. Er erfaßte den Gedanken, daß Atome notwendig seien als letzte Bestandteile der unveränderlichen Gattungen: das sind sehr philosophische Gedanken. Und vor allem, vor der Sittenlehre der rechten Epikureer muß man die höchste Achtung haben. Sie bestand in der Enthaltung von der Teilnahme am politischen Leben, da es sich mit der Weisheit nicht vereinigen lasse, und in der Freundschaft, ohne die das Leben eine lästige Bürde sei. Im übrigen aber ist die Naturwissenschaft Epikurs ebensowenig annehmbar als die kannelierte Materie von Descartes. Man muß sich doch die Augen gewaltsam verschließen, wenn man behauptet, in der Natur sei kein Plan zu sehen; ist aber ein Plan in ihr, so hat sie auch eine vernünftige Ursache, so existiert ein Gott.

Da kommt man uns mit der Unordnung auf der Erdkugel, mit den Vulkanen, den wandernden Sandflächen, den Bergen, die zusammengestürzt sind und anderen, die sich neu gebildet haben durch Erdbeben. Aber wenn die Naben eurer Wagenräder Feuer fangen, folgt daraus etwa, daß es nicht wahr ist, daß euer Wagen eigens dazu gebaut wurde, um euch von einem Ort zum andern zu befördern?

Die Gebirgsketten, welche die beiden Halbkugeln bekrönen und mehr als sechshundert Flüsse, die vom Fuß dieser Felsen zum Meer eilen, alle die Bäche, die aus eben diesen Wasserbehältern herab diese Flüsse speisen, nachdem sie das Land befruchtet haben, die tausend Brunnen aus denselben Quellen, die Tiere und Pflanzen tränken, alles das ist doch wohl ebensowenig ein Werk des Zufalls und einer Fallbewegung der Atome, als die Netzhaut, die die Lichtstrahlen aufnimmt, die Kristalllinse, die sie bricht, der Ambos, der Hammer, der Steigbügel, das Trommelfell des Ohrs, das die Töne aufnimmt, die Bahnen des Bluts in unsern Adern, die

Zusammenziehung und das Erschlaffen des Herzmuskels, dieses Hebels in der Maschine, die das Leben wirkt.

Aber, heißt es nun, wenn Gott offensichtlich etwas planmäßig gemacht hat, dann muß er alles planmäßig gemacht haben. Es ist lächerlich, die Vorsehung in einem Fall anzuerkennen und in den anderen Fällen zu leugnen. Was geschaffen wurde, ist alles vorhergesehen und geordnet eingerichtet. Keine geordnete Einrichtung ohne Zweck; keine Wirkung ohne Ursache; also ist alles gleicherweise Ergebnis und Erzeugnis einer Zweckursache, also kann man mit demselben Recht sagen, die Nasen seien gemacht zum Brillentragen und die Hände zur Schmückung mit Ringen, wie man sagt, die Ohren seien gebildet zum Vernehmen von Tönen und die Augen zur Aufnahme des Lichts. Nach meiner Meinung aber folgt aus diesem Einwand nichts, als daß alles nähere oder entferntere Wirkung einer allgemeinen Zweckursache ist; daß alles die Folge allgemeiner Gesetze ist.

Nicht allerorten und nicht jederzeit dienen die Steine zu Bauten; nicht alle Nasen tragen Brillen, nicht alle Finger tragen Ringe, nicht alle Beine sind mit Seidenstrümpfen versehen. Ein Seidenwurm ist also nicht zur Bekleidung unserer Beine geschaffen, so wie allerdings unser Mund zum Essen geschaffen ist und unser Hintern, daß wir mit ihm auf den Abort gehen. Es gibt also unmittelbare Wirkungen, die durch die Zweckursachen hervorgebracht sind, und Wirkungen in sehr großer Zahl, die entfernte Erzeugnisse dieser Ursachen sind.

Was mit der Natur zusammenhängt, ist gleichförmig, ist unwandelbar, ist das unmittelbare Werk des Meisters; er hat die Gesetze geschaffen, nach denen der Mond und die Sonne gemeinsam, jener zu drei Vierteln, diese zu einem Viertel, die Ebbe und Flut des Meeres bewirken; er hat der Sonne jene Drehungsbewegung verliehen, kraft der jenes Gestirn in siebeneinhalb Minuten Lichtstrahlen aussendet in die Augen der Menschen, der Krokodile und der Katzen. Aber als wir uns nach Verlauf vieler Jahrhunderte endlich einfallen ließen, Scheren zu erfinden und Bratspieße, die einen, um den Schafen die Wolle abzuscheren, die andern, um sie zum Schmausen zu braten, kann man daraus etwas anderes schließen, als daß Gott uns nun einmal so geschaffen hat, daß wir eines Tags uns dem Gewerbfleiß und den Gewohnheiten der Fleischfresser zuwenden mußten?

Aber sicher sind die Schafe nicht eigens zum Schmausen und Braten geschaffen worden, da doch mehrere Völker sich dieser Abscheulichkeit enthalten. Die Menschen sind nicht eigens dazu geschaffen, sich gegenseitig abzuschlachten, da die Brahmanen und die ehrwürdigen Primitivchristen, die man Quäker heißt, niemand umbringen. Aber der Teig, aus dem wir geknetet sind, bringt oft Schlächtereien hervor, wie er Verleumdungen hervorbringt und Eitelkeiten und Verfolgungen und Flegeleien. Nicht als ob die Bildung des Menschen gerade die Zweckursache unserer Tollheiten und Dummheiten gewesen wäre; denn eine Zweckursache ist etwas, das allgemein und unabänderlich zu allen Zeiten und an allen Orten wirkt. Aber die Greuel und Narrheiten der menschlichen Gattung liegen darum doch in der ewigen Naturordnung. Wenn wir unser Getreide dreschen, so ist der Dreschflegel die Zweckursache der Aussonderung des Korns. Aber wenn dieser Dreschflegel beim Dreschen tausend Insekten zermalmt, so ist das zwar nicht Wirkung meines ausdrücklichen Willens, und doch auch nicht Wirkung des Zufalls; diese Insekten haben sich eben diesmal unter meinem Dreschflegel befunden und sie mußten sich darunter befinden.

Es ist eine Wirkung der Naturordnung, daß ein Mensch ehrgeizig ist und daß er manchmal andere Menschen als Soldaten anwirbt, daß er siegt oder geschlagen wird; aber nie wird man sagen dürfen: der Mensch ist von Gott geschaffen, um im Kriege umgebracht zu werden.

Die Werkzeuge, die uns die Natur verliehen hat, können nicht immer wirkende Zweckursachen sein. Die Augen, die zum Sehen gegeben sind, sind nicht immer offen; jeder Sinn hat seine Ruhezeiten. Es gibt sogar Sinne, die man nie gebraucht. Eine arme einfältige Person zum Beispiel, die man mit vierzehn Jahren in ein Kloster gesteckt hat, schließt auf immer die Pforte, aus der ein neues Geschlecht herausgehen sollte. Aber die Kraft dazu ist immer noch da; und sie wird wirken, sobald sie frei ist.

Vom Sinn des Lebens

Optimismus und Pessimismus in Für und Wider

Ich bitte Sie, meine Herren, mir den Satz „Alles ist gut“ zu erklären, denn ich verstehe ihn nicht.

Heißt das: Alles ist eingerichtet und angeordnet nach der Theorie der bewegenden Kräfte? Das verstehe ich und das gebe ich zu. – Meinen Sie, jedem gehe es gut, jeder habe zu leben, niemand leide: Dann wissen Sie, wie falsch der Satz ist. – Ist Ihre Anschauung, daß das herzzerreißende Elend, von dem die Erde heimgesucht ist, gut ist vom Gesichtspunkt Gottes aus und ihm Freude macht? So etwas Abscheuliches glaube ich nicht, Sie übrigens auch nicht.

Bitte, erklären Sie mir den Satz: „Alles ist gut!“ Plato, der Vernunftkünstler, war so freundlich, Gott die Freiheit zu lassen, fünf Welten zu schaffen. Denn, sagte er, es gibt, wie die Mathematik lehrt, nur fünf regelmäßige feste Körper, den Tetraeder, den Würfel, den Hexaeder, den Dodekaeder, den lkosaeder. Warum freilich schränkte er die göttliche Macht so ein? Warum wollte er ihr nicht die Kugel erlauben, die noch regelmäßiger ist, oder den Kegel, oder die mehrseitige Pyramide, den Zylinder usw.?

Gott wählte, ihm zufolge, notwendigerweise die beste der möglichen Welten aus. Dieses System ist von mehreren christlichen Philosophen aufgenommen worden, obwohl es dem Lehrsatz von der Erbsünde zu widerstreiten scheint; denn unsere Erdkugel ist nach diesem Fehltritt nicht mehr die beste der Erdkugeln; das war sie früher, könnte es also auch jetzt noch sein; aber sehr viele Leute sind der Meinung, es sei die schlimmste der Erdkugeln und keineswegs die beste.

Leibniz, in seiner Theodizee, trat auf Platos Seite. Schon viele Leser haben darüber geklagt, daß sie weder Plato noch Leibniz verstehen. Wir unsererseits, die wir beide, und nicht bloß einmal, gelesen haben, wir bekennen unser Nichtverstehen nach unserer Gewohnheit; und da das Evangelium uns in dieser Frage kein Licht verliehen hat, so bleiben wir eben im Dunkeln, ohne uns weiter Gewissensbisse zu machen.

Leibniz, wie er über alles redet, redet auch von der Erbsünde; und da jeder Systematiker auch das, was seinem System widerspricht, in sein System aufnimmt, so kam er auf den Gedanken, der Ungehorsam gegen Gott und die fürchterlichen Übel in seinem Gefolge sei ein wesentlicher Bestandteil der besten der Welten und eine ganz notwendige Zutat zu der möglichen Glückseligkeit.

Aber wie? Aus einem Paradies gejagt werden, wo man hätte immer leben können, wenn man nur nicht von einem Apfel gegessen hätte! Wie? Im Elend elende, heillose Kinder zeugen, die alle Leiden dulden und andern alles Leid antun müssen! Wie? Allen Krankheiten ausgesetzt sein, allen Kummer fühlen, in Schmerzen sterben, und zur Erholung noch einige Jahrhunderte hindurch brennen müssen! Ist das eigentlich das beste Los, das es gibt? So besonders „gut" ist das für uns nicht; wie kann es dann gut sein – für Gott?

Leibniz fühlte wohl, daß er darauf nichts sagen konnte; darum schrieb er dicke Bücher, in denen er sich selber nicht verstand. Behaupten, es gebe kein Übel, das mag einem lachenden Lukull wohl anstehen, dem es trefflich geht und der im Apollosaal eine feine Mahlzeit mit seinen Freunden und seiner Geliebten einnimmt; aber er soll einmal zum Fenster hinaussehen, da kann er Unglückliche sehen; oder er soll das Fieber bekommen, dann gehört er selbst dazu.

Ich zitiere nicht gerne; das ist meist eine heikle Geschichte; man beachtet oft nicht, was vor oder was nach der zitierten Stelle kommt, und so gibt es dann tausend Streitereien. Und doch muß ich Laktanz, den Kirchenvater, zitieren, der in seinem dreizehnten Kapitel, vom Zorne Gottes, dem Epikur folgende Worte in den Mund legt: „Entweder hat Gott das Übel von dieser Welt fernhalten wollen und er kann es nicht, oder er kann es und er will es nicht; oder er kann es nicht und er will es auch nicht; oder endlich, er will es und kann es. Wenn er es will und nicht kann, so ist das Ohnmacht; das aber steht im Widerspruch zum Wesen Gottes; wenn er es kann und nicht will, so ist das Bosheit, nicht minder ein Widerspruch mit seinem Wesen; wenn er es weder will noch, kann, so ist das Ohnmacht und Bosheit zugleich; wenn er es will und kann – und dieser Fall ist allein Gott angemessen – woher kommt dann das Übel auf Erden?“

Der Schlußfolgerung kann man nicht gut ausweichen; darum antwortet Laktanz auch recht schlecht, indem er behauptet, Gott wolle das Übel, aber er habe uns die Weisheit verliehen, mit der man zum Guten gelange. Diese Antwort ist doch recht schwach, wenn man sich den Einwand vorhält, den sie beheben will; denn sie setzt voraus, Gott habe die Weisheit nur verleihen können, indem er das Übel hervorbrachte; und dann noch eines: eine nette Weisheit, die Weisheit, über die *wir* verfügen.

Der Ursprung des Übels war immer eine Tiefe, der niemand auf den Grund gekommen ist. Darum sind so viele alte Philosophen und Gesetzgeber auf die Auskunft verfallen, zwei Grundkräfte anzunehmen, eine gute und eine böse. Typhon war das böse Prinzip bei den Ägyptern, Ariman bei den Persern. Die Manichäer haben bekanntlich diese Theologie angenommen; aber da diese Leute weder mit dem guten noch mit dem bösen Prinzip gesprochen haben, so braucht man ihnen auch nicht aufs Wort zu glauben.

Unter allen den tollen Gedanken, an denen diese Welt nicht arm ist und die man auch unter unsere Übel rechnen kann, ist der nicht am wenigsten tolle die Annahme von zwei allmächtigen Wesen, die sich wegen der Frage herumschlagen, welches von beiden der Welt am meisten sein Gepräge aufdrücken darf, und die dann einen Vertrag nach Art der zwei Molièreschen Ärzte schließen: „Laß du dir mein Brechmittel gefallen, dann lasse ich mir deinen Aderlaß gefallen.“

Basilides behauptete, nach den Platonikern, schon im ersten Jahrhundert der Kirchengeschichte, Gott habe die Verfertigung dieser Welt seinen geringsten Engeln überlassen; und da diese sich recht ungeschickt anstellten, so wurden die Dinge so, wie wir sie eben vor uns sehen. Nur fällt diese theologische Fabelei zusammen, weil es nun einmal nicht im Wesen eines allmächtigen und allweisen Gottes liegt, eine Welt durch nichtskönnerische Baumeister bauen zu lassen. Simon wollte diesem Einwand, auf den er gefaßt war, die Spitze abbrechen und sagte, der Engel, der die Werkstatt leitete, sei wegen seiner Pfuscherei verdammt worden. Wenn es nur uns etwas helfen würde, daß dieser Engel brennen muß!

Die Pandorageschichte der Griechen löst die Schwierigkeit ebensowenig. Die Büchse mit den Übeln und mit der Hoffnung auf dem Grund ist zwar eine reizende Fabel; aber diese Pandora wurde von Vulkan nur geschaffen, damit er sich an Prometheus räche, der einen Menschen aus Schmutz gebildet hatte.

Die Inder haben es nicht besser getroffen. Nach ihnen gab Gott dem Menschen nach seiner Erschaffung ein Mittel, das ihm ewige Gesundheit sicherte; der Mensch packte das Mittel seinem Esel auf; der Esel bekam Durst; die Schlange zeigte ihm einen Brunnen, und während der Esel trank, nahm die Schlange das Mittel für sich.

Die Syrer dachten sich die Sache so: Mann und Weib seien im vierten Himmel geschaffen worden; sie haben sich dann einfallen lassen statt Ambrosia, ihrer eigentlichen Speise, einen Fladen zu verzehren. Ambrosia schwitzte man durch die Poren aus; nach dem Genuß von Fladen hatte man Stuhlgang. Der Mann und das Weib baten einen Engel, ihnen den Abort zu zeigen. „Sehet das Planetchen dort," sagte der Engel, „das ganz winzige, ungefähr sechzig Millionen Meilen von hier, das ist der Abtritt des Weltalls; gehet schnell dorthin!" Das taten sie, und man ließ sie dort; und seitdem ist unsere Welt das, was sie ist. Die Syrer aber bleiben uns die Antwort auf die Frage schuldig, warum Gott den Menschen den Fladen essen ließ und warum uns diese Mahlzeit eine solche Menge von so fürchterlichen Übeln eingetragen hat.

Ich verlasse rasch diesen vierten Himmel und gehe zu Lord Bolingbroke, damit ich mich nicht langweile. Dieser zweifellos geniale Mann gab dem berühmten Pope die Anregung zu seinem Satz: „Alles ist gut", den man in der Tat wortwörtlich in den nachgelassenen Werken von Lord Bolingbroke findet und den schon vorher Lord Shaftesbury in seinen „Charakteristiken" gebracht hatte. In Shaftesburys Kapitel über die Moralisten stehen folgende Worte: „Auf die Klagen über die Mängel der

Natur läßt sich viel sagen. Wie es komme, daß sie so ärmlich und mangelhaft aus den Händen eines vollkommenen Wesens hervorgegangen sei? Aber ich leugne, daß sie so mangelhaft ist. Gerade aus dem Widerstreit keimt ihre Schönheit hervor, und der allgemeine Einklang kommt aus dem ewigen Kampf. Jedes Wesen muß anderen zum Opfer dienen, die Pflanzenwesen den Tieren, die Tiere der Erde. Die Gesetze der Zentral- und der Schwerkraft, die den Himmelskörpern ihr Gewicht und ihre Bewegung geben, werden sich doch nicht durchbrechen lassen müssen einem ärmlichen Tier zuliebe, das, von denselben Gesetzen geschützt, von ihnen sich auch wieder zu Staub zermalmen lassen muß."

Bolingbroke, Shaftesbury und Pope lösen die Frage nicht besser als die andern. Ihr „Alles ist gut" heißt nicht viel mehr als: Alles verläuft nach unverbrüchlichen Gesetzen. Wer weiß das nicht? Wir erfahren bei euch nichts Neues, wenn ihr uns die Kinderweisheit lehrt, daß die Fliegen dazu bestimmt sind, von den Spinnen gefressen zu werden, die Spinnen von den Schwalben, die Schwalben von den Würgern, die Würger von den Adlern, die Adler, um von den Menschen umgebracht zu werden, die Menschen, um einander gegenseitig umzubringen, um dann von den Würmern gefressen zu werden und schließlich von den Teufeln, die Menschen, d. h. wenigstens tausend auf einen.

Das ist die rechte Regel und Ordnung unter den Tieren aller Gattungen; Ordnung herrscht überall. Wenn sich ein Stein in meiner Blase bildet, so geschieht das nach einer wunderbaren Mechanik: steinhaltige Säfte bilden sich allmählich in meinem Blut; sie werden in den Nieren durchgeseiht, gehen durch die Harngänge, lagern sich in meiner Blase ab, gruppieren sich dort infolge der wunderbaren Newtonschen Anziehungskraft; der Stein bildet sich, wird größer, ich leide Qualen, die tausendmal ärger sind als der Tod, und das nach der allerwunderbarsten Einrichtung; ein Chirurg, der die von Tubalkain erfundene Kunst vervollkommnet hat, stößt mir ein spitziges, scharfes Eisen in den Damm und faßt meinen Stein mit seiner Zange; er wird gebrochen durch seine Anstrengungen kraft einer notwendigen Mechanik; kraft derselben Mechanik sterbe ich in heillosen Qualen. „Alles das ist gut", alles das ist die augenscheinliche Folge von unverbrüchlichen physischen Grundgesetzen: einverstanden, nur wußte ich das so gut wie ihr.

Hätten wir kein Gefühl, so wäre gar nichts zu sagen zu dieser Physik. Aber darum handelt es sich nicht. Wir fragen euch, ob es nicht Übel gibt, die uns fühlbar sind, und woher sie kommen. „Es gibt keine Übel", sagt Pope in seiner vierten Epistel von „Alles ist gut"; wenn es besondere Übel gibt, so bilden sie eben das allgemeine Wohl. Das ist mir ein sonderbares allgemeines Wohl, dessen Bestandteile der Stein und die Gicht sind, und alle Verbrechen und alle Leiden und der Tod und die Verdammnis. Der Sündenfall ist unser Pflaster für alle besonderen Krankheiten Leibes und der Seele, die ihr die allgemeine Gesundheit nennt; aber Shaftesbury und Bolingbroke haben die Erbsünde anzugreifen gewagt. Pope redet nicht davon; es ist klar, daß ihr System das Christentum in seinen Grundfesten erschüttert und übrigens gar nichts erklärt.

Übrigens hat dieses Lehrgebäude seit einiger Zeit die Billigung mehrerer Theologen gefunden, denen Widersprüche nichts ausmachen. Meinetwegen; man soll niemand den Trost mißgönnen, sich schlecht und recht seine Gedanken zu machen über die Sintflut von Übeln, in denen wir ertrinken. Es ist recht und billig, daß man Kranke in verzweifelten Fällen essen läßt, was sie mögen. Man hat sogar diese Weltanschauung für tröstlich erklären wollen. Für Gott ist es nach Pope derselbe Anblick, ob ein Held untergeht oder ein Sperling, ob ein Atom in den Abgrund der Vernichtung stürzt oder tausend Planeten, ob eine Seifenblase sich bildet oder eine Welt.

Ein netter Trost, muß ich schon sagen. Finden Sie nicht auch eine große Schmerzlinderung in dem Rezept des Lord Shaftesbury, wenn er sagt: Gott werde doch nicht seine ewigen Gesetze durchbrechen wegen eines so ärmlichen Tieres, wie es der Mensch ist? Das eine muß man doch zugestehen, daß dieses ärmliche Tier das Recht hat, ganz bescheiden zu schreien und sich um ein Verständnis zu bemühen, indem es fragt, warum denn diese ewigen Gesetze nicht so eingerichtet sind, daß das Wohl jedes einzelnen dabei herauskommt.

Die Weltanschauung des „Alles ist gut" stellt den Urheber der Natur als ein mächtiges aber boshaftes Wesen hin, das sich nicht darum kümmert, ob es vierhundert- bis fünfhunderttausend Menschen das Leben kostet und ob die andern ihr Leben in Hungersnöten und Tränen hinschleppen, wenn nur er mit seinen Plänen zurechtkommt.

Also weit entfernt, daß die Anschauung von der bestmöglichen Welt tröstlich wäre, sie ist vielmehr eine philosophische Verzweiflungsauskunft. Die Frage des Guten und Bösen bleibt ein Chaos, das für den ehrlichen Forscher unentwirrbar ist; für Rabulisten mag es eine geistige Sportsübung sein, so wie Sträflinge mit ihren Ketten spielen. Das gedankenlose Volk gleicht den Fischen, die man aus dem Fluß in einen Sammelbehälter gebracht hat; sie haben keine Ahnung, daß sie zur Fastenspeise da sind. Darum wissen auch wir nichts von uns aus über die Gründe unseres Schicksals.

Setzen wir also bei jedem metaphysischen Kapitel die zwei Buchstaben an den Schluß, welche die römischen Richter brauchten, wenn sie in einer Sache nicht ins Reine kamen: L. N., *non liquet*, das ist nicht klar. Stopfen wir vor allem den ruchlosen Menschen den Mund, die, niedergedrückt wie wir selbst unter der Last menschlichen Elends, uns auch noch mit ihren fanatischen Verleumdungen belasten. Machen wir ihre verdammten Lügen zuschanden, indem wir uns an den Glauben und an die Vorsehung halten.

Vernunftkünstler haben behauptet, es sei im höchsten Wesen begründet, daß die Dinge so seien wie sie eben seien. Das ist eine schwere Philosophie; und ich bin nicht gelehrt genug, um mich auch nur an ihre Kritik zu wagen.

Sie schreiben mir, man habe Ihnen den Stein geschnitten. Ich gratuliere Ihnen zum Leben, wenn Sie das Leben nett finden. Mich hat es immer betrübt, daß es in dieser besten aller möglichen Welten Kieselsteine gibt in den Harnblasen, in Anbetracht des Umstands, daß unsere Harnblasen eigentlich keine Steinbrüche und keine Laternen sein sollten; aber ich habe mich immer der Vorsehung untergeordnet. Mir hat man den Stein nicht geschnitten; aber ich habe meine gute Dosis Schmerzen in anderer Weise eingenommen. Jedem das Seine; man muß uns leiden und sterben lassen in jeder Manier.

Was ist die Seele? Haben wir eine Seele?

Ich muß gestehen, nachdem ich den unfehlbaren Aristoteles, den Doctor evangelicus, den göttlichen Plato gelesen hatte, habe ich alle diese Beinamen als Spitznamen betrachtet. Ich sah in allen Philosophen, die von der menschlichen Seele redeten, nur anmaßende, geschwätzige Blinde, die einem einreden wollen, sie haben einen Adlerblick und andere, die ihnen aufs Wort glauben und sich einbilden, sie sehen auch etwas.

Unter diese Lehrmeister des Irrtums rechne ich ungeniert Descartes und Malebranche ein. Der erstere versichert uns, die Seele des Menschen sei eine Substanz, deren Wesen das Denken sei, die immer denke und die sich schon im Mutterleib mit schönen metaphysischen Ideen und schönen logischen Axiomen abgebe, die sie nachher wieder vergesse. Pater Malebranche seinerseits ist fest überzeugt, daß wir alles in Gott sehen. Und er hat Anhänger gefunden, weil gerade die kühnsten Fabeln von der Phantastik der Menschen am willigsten hingenommen werden. So haben verschiedene Philosophen den Roman der menschlichen Seele geschrieben. Endlich kam ein Weiser der bescheidentlich ihre Geschichte geschrieben hat. Ich will einen Abriß dieser Geschichte geben, so wie ich sie erfaßt habe. Ich weiß sehr wohl, daß nicht jedermann die Weltanschauung Lockes " teilt. Auch könnte es wohl so sein, daß Locke recht hätte gegen die Philosophen Descartes und Malebranche und unrecht gegen die theologische Fakultät, gegen die Sorbonne. Ich rede ja auch nur erleuchtet vom Licht der Philosophie, nicht vom Licht der Offenbarung des Glaubens. Mir kommt es nur zu, nach Menschenart zu denken; die Theologen entscheiden göttlich; das ist etwas ganz anderes. Vernunft und Glauben sind ganz verschiedener Wesensart. Kurz gesagt: diesen kleinen Auszug aus Locke würde ich mit der Zensur belegen, wenn ich Theologe wäre; ich nehme ihn ja auch nur einen Augenblick als Hypothese an, als einfache philosophische Mutmaßung, menschlich geredet. Es handelt sich also darum, was die Seele ist.

1. Das Wort Seele gehört zu den Worten, die jedermann braucht, ohne sie zu verstehen. Wir verstehen nur die Dinge, von denen wir eine Vorstellung haben. Von der Seele, vom Geist haben wir keine Vorstellung; also verstehen wir sie nicht.

2. Nun hat es uns beliebt, Seele jene Fähigkeit des Fühlens und Denkens zu nennen, wie wir die Fähigkeit zu leben Leben und die Fähigkeit zu wollen Willen nennen.

Nun sind Vernunftkünstler gekommen und haben gesagt: der Mensch ist eine Zusammensetzung von Materie und Geist; die Materie ist ausgedehnt und teilbar; der Geist ist weder ausgedehnt noch teilbar; also ist er, so sagen sie, von anderer Wesensart. Der Mensch ist eine Vereinigung von Wesen, die nicht füreinander geschaffen sind und die Gott vereinigt trotz ihrem gegensätzlichen Wesen. Wir sehen wenig vom Körper, wir sehen die Seele gar nicht; sie hat keine Teile, also ist sie ewig; sie hat reine, geistige Ideen, also erhält sie diese nicht von der Materie; sie erhält sie auch nicht von sich selbst; also gibt Gott sie ihr; also bringt sie schon bei der Geburt die Ideen von Gott mit und vom Unendlichen und die anderen allgemeinen Ideen.

Immer, nach Menschenweise zu reden, antworte ich diesen Herren, daß sie sehr viel wissen. Zuerst sagen sie uns, daß es eine Seele gibt, und dann, was das bedeutet. Sie sprechen den Namen Materie aus und dann entscheiden sie frisch und frei, was diese Materie ist. Und ich sage zu ihnen: Ihr kennt weder Geist noch Materie. Unter Geist könnt ihr euch nichts vorstellen als die Fähigkeit zu denken; unter Materie könnt ihr euch nur ein gewisses Nebeneinander von Eigenschaften, Farben, Abmessungen, Dichtegraden denken; es hat euch beliebt, das Materie zu nennen, und ihr habt der Materie und der Seele Grenzen gesteckt, ehe ihr auch nur ihres Daseins sicher seid.

Von der Materie lehrt ihr von oben herab, sie habe nur Ausdehnung und Dichte, und ich sage euch bescheiden, sie ist noch tausend anderer Eigenschaften fähig, die ihr nicht kennt und ich auch nicht. Ihr sagt, die Seele sei unteilbar und ewig; ihr setzt voraus, was in Frage steht. Ihr seid ungefähr wie ein Professor, der noch nie ein Uhrwerk gesehen hatte und nun auf einmal eine englische Repetieruhr unter die Hände bekäme. Unser Mann, ein guter peripatetischer Philosoph, staunt über die Genauigkeit, mit der die Zeiger die Zeit einteilen und bezeichnen und noch mehr darüber, daß ein Knopf, auf den man mit dem Finger drückt, genau die Stunden schlagen läßt, auf die der Zeiger weist. Mein Philosoph beweist unfehlbar, daß in der Uhr eine Seele ist, die sie lenkt und ihre Federn führt. Er führt den wissenschaftlichen Beweis für seine Meinung durch Vergleichung mit den Engeln, die die himmlischen Sphären in Bewegung setzen und läßt in der Schule schöne Thesen über die Seele der Uhren verfechten. Einer seiner Schüler öffnet die Uhr; man findet nur Federn darin und hält doch immer an der Anschauung von den Uhrenseelen fest, die nun einmal für erwiesen gilt. Ich bin der Schüler, der die Uhr öffnet, die man Mensch nennt und der, statt kühn das Unverständliche begrifflich festzulegen, langsam zu untersuchen sich bemüht, was wir erforschen wollen.

Nehmen wir ein Kind im Augenblick seiner Geburt und folgen wir Schritt für Schritt den Fortschritten seines Verstandes. Ihr beehrt mich mit der Mitteilung, Gott habe sich die Mühe genommen, eine Seele zu schaffen, um sie in dem Körper unterzubringen, wenn er etwa sechs Wochen alt ist; diese Seele sei bei ihrem Eintreffen mit metaphysischen Ideen versehen, kenne also den Geist, die abstrakten Gedanken, das Unendliche ganz klar und deutlich; sei, mit einem Wort, eine hochgelehrte Person. Leider verläßt sie die Gebärmutter in krasser Unwissenheit; anderthalb Jahre hat sie gebraucht, um nur die Brüste der Amme kennenzulernen; und will man diese Seele, wenn sie zwanzig Jahre alt ist, an alle die wissenschaftlichen Gedanken erinnern, über die sie zur Zeit der Vereinigung mit ihrem Körper verfügte, so ist sie manchmal so vernagelt, daß sie keine einzige mehr faßt. Es gibt ganze Völker, die nie einen einzigen von diesen Gedanken hatten. Wahrlich, woran dachte auch die Seele Descartes' und Malebranches, als sie auf solche Träume verfiel. Doch nun weiter mit dem kleinen Kind.

An dem Tag, da seine Mutter mit ihm und mit seiner Seele niedergekommen ist, kamen im Haus auch ein Hund, eine Katze und ein Zeisig auf die Welt. Nach anderthalb Jahren mache ich aus dem Hund einen ausgezeichneten Jäger; nach einem Jahr pfeift der Zeisig eine Melodie, nach sechs Wochen schon macht die Katze ihre Kunststückchen; nur das Kind kann noch nach vier Jahren nichts. Ich, ein ungebildeter Mensch, der ich diesen wunderbaren Unterschied bemerke, und der ich noch nie ein Kind gesehen habe, ich glaube zuerst, Katze, Hund und Zeisig seien sehr verständige Geschöpfe und das kleine Kind sei ein Automat. Allmählich aber bemerke ich, daß das Kind Gedanken und Gedächtnis hat und dieselben Triebe wie die Tiere, und dann gestehe ich, daß es wie ein vernünftiges Geschöpf ist. Es teilt mir verschiedene Gedanken durch einige Worte mit, die es gelernt hat, wie mir mein Hund durch abgewandelte Laute ganz deutlich seine verschiedenen Bedürfnisse kundgibt. Sechs- bis siebenjährig verbindet das Kind in seinem Hirn fast eben so viele Gedanken als mein Jagdhund in dem seinigen. Mit dem Alter kommt es schließlich zu einer Unmasse von Kenntnissen. Was soll ich nun von ihm denken? Soll ich glauben, daß es von ganz verschiedener Wesensart ist? Gewiß nicht! Denn man sehe sich nur einerseits einen Newton, andererseits einen Dummkopf an. Und doch behauptet ihr, sie seien von derselben Wesensart, und es sei nur ein Gradunterschied zwischen ihnen. Um mich der Wahrscheinlichkeit meiner Mutmaßung zu versichern, untersuche ich meinen Hund und mein Kind im wachen Zustand und im Schlaf. Ich probiere es bei beiden mit einem außergewöhnlich starken Aderlaß; dann scheinen ihre Gedanken mit dem Blute zu verströmen. Rufe ich sie in diesem Zustand an, so antworten sie mir nicht mehr. Entziehe ich ihnen noch einige Unzen, so haben meine zwei Maschinen, die vorher eine Masse Gedanken und Triebe jeder Art hatten, keine Empfindung mehr. Dann untersuche ich meine beiden Tiere im Schlaf; der Hund hat nach reichlichem Fressen Träume; er jagt und bellt hinter seiner Beute her. Mein junger Mann im selben Fall redet mit seinem Schatz und liebelt mit ihm. Nach mäßigen Mahlzeiten träumt keins von beiden. Kurz, ich sehe, daß ihre Fähigkeit wahrzunehmen, zu fühlen, ihre Gedanken auszudrücken sich in ihnen allmählich entwickelt und ebenso stufenweise abnimmt. Die Ähnlichkeiten zwischen ihnen sind hundertmal größer als die zwischen irgend einem genialen Menschen und einem ausgesprochenen Dummkopf. Was für eine Ansicht soll ich mir also von ihrer Wesensart bilden? Diejenige, auf die alle Völker zuerst verfallen sind, ehe ägyptische Staatsweisheit die Lehre vom geistigen Wesen der Seele und von ihrer Unsterblichkeit aufbrachte. Ja, ich werde mich aus guten Gründen des Verdachtes nicht erwehren können, daß Archimedes und ein Maulwurf zwar verschiedenen Arten, aber derselben Gattung angehören; gerade wie eine Eiche und ein Senfkorn nach denselben Prinzipien gebildet sind, nur daß die eine eine große Pflanze ist, das andere eine kleine. Ich werde denken, Gott habe bestimmte Teile von Geist bestimmten Teilen von Materie verliehen, die zum Denken organisiert ist; ich werde glauben, daß die Materie Sinnesempfindungen nach Maßgabe der Feinheit der Sinne hat, daß den Sinnen der Umfang unserer Gedankentätigkeit entspricht; ich werde glauben, daß die Auster weniger Empfindungen und Sinne hat, weil ihre Seele an ihrer Schale haftet und sie daher keine fünf Sinne braucht. Viele Tiere haben nur zwei Sinne; wir haben fünf, was noch recht wenig ist. In anderen Welten mögen andere Tiere sich einer Zahl von zwanzig bis dreißig Sinnen erfreuen; andere vollkommenere Gattungen mögen Sinne in unbegrenzter Zahl haben.

Mir scheint es, daß man so am natürlichsten darüber philosophiert, oder richtiger, seine Vermutungen anstellt. Es hat sicher lange gebraucht, bis die Menschen auf die sinnreiche Erdichtung eines Wesens kamen, das wir selbst sind, das alles in uns tut, das nicht ganz unser Selbst ist, und das uns überlebt. So ist man auch erst allmählich dazu gekommen, einen solchen Gedanken auszuhecken. Zuerst bedeutete das Wort Seele das Leben und war uns und den Tieren gemeinsam. Dann schuf uns unser Hochmut eine besondere Seele, während wir uns für die andern Geschöpfe eine substantielle Form ausdachten. Dieser menschliche Hochmut fragt, was diese Kraft der Sinneswahrnehmung und des Gefühls ist, die er beim Menschen Seele und beim rohen Tier Instinkt heißt. Ich werde diese Frage lösen, wenn die Physiker mir erst sagen, was der Ton ist und was das Licht, der Raum, der Körper und die Zeit. Ich sage im Sinn des weisen Locke: Die Philosophie besteht darin, daß man nicht weiter geht als die Fackel der Physik uns leuchtet. Ich bemerke wohl natürliche Wirkungen; aber ich gestehe, daß ich die ersten Prinzipien so wenig verstehe wie ihr. Nur soviel weiß ich, daß ich nicht mehreren Ursachen, insbesondere nicht unbekannten Ursachen zuschreiben darf, was ich einer bekannten Ursache zuschreiben kann; nun kann ich aber meinem Körper die Fähigkeit zu denken und zu empfinden zuschreiben; also darf ich sie nicht in einer anderen Substanz suchen, die man Seele oder Geist nennt und die ich mir nicht im mindesten vorstellen kann. Ihr entrüstet euch über diesen Satz; ihr findet also etwas Gottloses in dem Gedanken, daß der Körper denken kann. Aber was wollt ihr sagen, würde Locke antworten, wenn man euch selbst des Unglaubens schuldig fände, euch, die ihr die Macht Gottes zu beschränken wagt. Wo ist der Mensch auf Erden, der so töricht und gottlos ist zu behaupten, es sei Gott unmöglich, der Materie Empfindung und Denkkraft zu verleihen. Ihr schwachen und verwegenen Köpfe, ihr gebt vor, die Materie denke nicht, weil ihr nicht verstehen könnt, daß Materie, sie sei gestaltet wie sie wolle, denken könne.

Ihr großen Philosophen, die ihr Gott die Macht absprecht und zugleich behauptet, Gott könne aus einem Stein einen Engel machen, seht ihr nicht, daß eurer eigenen Meinung nach Gott in diesem Falle nichts anderes täte, als einem Stein die Kraft des Denkens verleihen. Würde nämlich die Materie des Steins nicht bleiben, so wäre kein Stein mehr da, der Stein wäre vernichtet und ein Engel geschaffen. Dreht und wendet euch wie ihr wollt, ihr müsst zweierlei eingestehen, eure Unwissenheit und die ungeheure Macht des Schöpfers; eure Unwissenheit, die sich gegen denkende Materie empört, und die Macht des Schöpfers, dem doch sicher das nicht unmöglich ist.

Ihr, die ihr wisst, daß Materie nicht zu nichts wird, ihr bestreitet Gott die Kraft, in dieser Materie die schönste Fähigkeit zu erhalten, mit der er sie geschmückt hat. Die Ausdehnung besteht doch wohl ohne Körper, da es ja Philosophen gibt, die an den leeren Raum glauben; die Eigenschaften können doch wohl ohne die Substanz bestehen – unter den Christen, die an die Transsubstantion glauben. Gott, sagt ihr, kann nichts tun, was einen Widerspruch in sich schließt. Da müßte man mehr verstehen als ihr versteht. Stellt euch wie ihr wollt, ihr wisst nie mehr als das, daß ihr Körper seid, und daß ihr denkt.

Gar viele, die in ihrer Schulweisheit so selbstsicher geworden sind und ihre Schlußfolgerungen für Orakel ansehen und ihren Aberglauben für Religion, betrachten Locke als einen gefährlichen Religionsverächter. Diese Abergläubischen sind in der Gesellschaft das, was die Feiglinge in einem Heer sind; panische Angst ist in ihnen und geht von ihnen aus. Sie sollen wissen, daß es nicht die Überzeugungen der Philosophen sind, die der Religion jemals Eintrag tun. Es steht fest, daß das Licht von der Sonne kommt, und daß die Planeten sich um dieses Gestirn drehen; darum liest man mit nicht geringerer Erbauung in der Bibel, daß das Licht vor der Sonne geschaffen wurde und daß die Sonne stillstand über dem Dorfe Gibeon. Es ist erwiesen, daß der Regenbogen sich mit Naturnotwendigkeit durch den Regen bildet; darum verehrt man doch den heiligen Text, der besagt, daß Gott nach der Sintflut seinen Bogen in die Wolken setzte zum Zeichen, daß keine Überschwemmung mehr kommen sollte.

Das heilige Geheimnis der Dreieinigkeit und der Eucharistie mögen bekannten Beweisgängen noch so sehr zuwiderlaufen, sie werden trotzdem von den katholischen Philosophen ehrfürchtig hingenommen, die wissen, daß Vernunft und Glaube von verschiedener Wesensart sind. Das Volk der Gegenfüßler ist von Päpsten und Konzilien verdammt worden; und dann haben die Päpste wieder die Antipoden anerkannt und haben ihnen eben die christliche Religion bringen lassen, die man für verloren ansah, falls sich ein Mensch fände, dem, wie es damals hieß, der Kopf nach unten und die Füße nach oben wachsen, und der, wie der sehr wenig philosophische heilige Augustin sagt, vom Himmel gefallen wäre. übrigens noch einmal, wenn ich so freimütig schreibe, so will ich doch gar nichts gesagt haben. Für einige von den vorgebrachten Träumereien habe ich vielleicht eine gewisse Vorliebe; aber ich opfere sie alle, wenn es verlangt wird, auf dem Altar der Religion und des Vaterlands.

Das wäre etwas Schönes, wenn man seine Seele sehen könnte. Erkenne dich selbst! ist ein ausgezeichneter Rat; aber nur Gott kann ihn ausführen; wer anders als er kann sein Wesen kennen? Wir heißen Seele was beseelt; mehr wissen wir nicht. Drei Viertel der Menschheit lassen es dabei bewenden und befassen sich nicht mit der „denkenden Substanz"; ein Viertel sucht; niemand hat gefunden, niemand wird finden.

Armer Schulmeister! Du siehst eine Pflanze, die vegetiert, und du sagst: Vegetation, oder auch vegetative Seele. Du bemerkst, daß die Körper Bewegung haben und abgeben und du sagst: Kraft; du siehst, wie dein Jagdhund auf deine Befehle lernt, was er zu tun hat, und du rufst: Instinkt; du hast Gedankenverbindungen, und du sagst: Geist.

Aber ich bitte dich, was verstehst da unter diesen Worten? Diese Blume vegetiert; gibt es ein wirkliches Wesen, das Vegetation heißt? Dieser Körper stößt einen anderen; besitzt er in seinem Innern ein besonderes Wesen, das Kraft heißt? Dieser Hund bringt dir ein Rebhuhn, aber gibt es ein Wesen, das Instinkt heißt? Würdest du nicht lachen über einen Vernunftkünstler (und wäre er auch der Lehrer Alexanders des Großen), der dir sagen würde: Alle Tiere leben, also gibt es in ihnen ein Wesen, eine substanzielle Form, die das Leben ist.

Wenn eine Tulpe reden könnte und zu dir sagte: Meine Vegetation und ich sind zwei gesonderte Wesen, die offensichtlich zusammengefügt worden sind, würdest du nicht deine Tulpe auslachen?

Sieh zunächst einmal nach, was du weißt und was dir sicher ist: daß du mit deinen Füßen gehst; daß du mit deinem Magen verdaust; daß du durch deinen ganzen Körper hin fühlst; daß du mit deinem Kopf denkst. Sieh nach, ob deine Vernunft allein dir so viel Licht geben könnte, daß du ohne Hilfe von oben schließen könntest, du habest eine Seele.

Die ersten Philosophen, mochten es Chaldäer, mochten es Ägypter sein, sagten: In uns muß etwas sein, das unsere Gedanken hervorbringt; dieses etwas muß sehr dünn und fein sein; es ist ein Hauch, es ist Feuer, es ist

Äther, es ist eine Quintessenz, es ist ein leichtes Schattending, es ist eine Entelechie, es ist eine Zahl, es ist eine Harmonie. Endlich, nach dem göttlichen Plato, ist es eine Vereinigung „des selbigen und des anderen“. Es sind Atome, die in uns denken, sagte Epikur nach Demokrit. Aber, lieber Freund, wie denkt ein Atom? Gestehe, daß du nichts davon weißt.

Die Ansicht, der man ohne Zweifel beipflichten muß, ist, daß die Seele ein immaterielles Wesen ist; aber was dieses immaterielle Wesen ist, das faßt ihr sicher nicht. O doch, erwidern die Gelehrten, wir wissen, daß seine Natur ist, zu denken. – Und woher wißt ihr das? – Wir wissen es, weil es denkt. – O ihr Gelehrten! – Ich fürchte, ihr seid so unwissend wie Epikur; die Natur eines Steins ist zu fallen, weil er fällt; aber ich frage euch, was macht denn, daß er fällt?

Wir wissen, fahren sie fort, daß ein Stein keine Seele hat. – Einverstanden; das ist auch meine Meinung. – Wir wissen, daß eine Verneinung und eine Bejahung nicht teilbar, daß sie keine Teile der Materie sind. – Ich bin auch eurer Meinung. Aber die uns übrigens unbekannte Materie besitzt Eigenschaften, die nicht materiell, die nicht teilbar sind; sie strebt vermöge der Schwerkraft gegen einen Mittelpunkt, den Gott ihr angewiesen hat. Nun hat diese Schwerkraft keine Teile und ist nicht teilbar. Die bewegende Kraft der Körper ist kein Gemenge von Teilen. Die Vegetation der Organismen, ihr Leben, ihr Instinkt sind auch keine besonderen, sind keine teilbaren Wesen. Ihr könnt die Vegetation einer Rose, das Leben eines Pferdes, den Instinkt eines Hundes ebensowenig entzwei schneiden, wie eine Empfindung, eine Verneinung, eine Bejahung. Euer schöner Beweisgrund, der von der Unteilbarkeit des Denkens hergenommen ist, beweist also rein gar nichts.

Was nennt ihr also eure Seele? Welche Vorstellung habt ihr von ihr? Von euch selbst aus, ohne Offenbarung, könnt ihr nichts anderes in euch annehmen als eine euch unbekannte Kraft zu fühlen, zu denken. Und nun, sagt mir ehrlich, ist diese Kraft zu fühlen und zu denken dieselbe, mit der ihr verdaut und geht? Nein, müßt ihr gestehen; vergebens würde euer Verstand zu eurem Magen sagen: Verdaue! Er tut's nicht, wenn er krank ist; vergebens würde euer immaterielles Wesen euren Füßen zu gehen befehlen; sie bleiben stehen, wenn sie die Gicht haben.

Die Griechen haben ganz richtig gefühlt, daß das Denken oft nichts mit dem Spiel unserer Organe zu tun hat; sie haben für diese Organe eine animalische Seele angenommen und für die Gedanken eine feinere, dünnere Seele, einen thymós..

Nun hat aber diese Gedankenseele in tausend Fällen die Oberleitung der animalischen Seele. Die denkende Seele befiehlt den Händen zu greifen, und sie greifen. Aber sie sagt ihrem Herzen nicht, es solle schlagen, ihrem Blut nicht, es solle fließen, ihrem Speisesaft nicht, er solle sich bilden; alles das macht sich ohne sie. Da haben wir zwei Seelen, die einander in die Quere kommen und von denen keine recht Herrin im Hause ist.

Nun existiert aber diese erste animalische Seele sicher überhaupt nicht; sie ist nichts anderes als die Bewegung eurer Organe. Nimm dich in acht, o Mensch, deine schwache Vernunft dürfte kaum beweisen können, daß die andere Seele existiert. Nur durch den Glauben kannst du etwas von ihr wissen. Du wirst geboren, du wirkst, du denkst, du wachst, du schläfst und weißt selbst nicht wie. Gott hat dir die Fähigkeit zum Denken gegeben, wie er dir alles übrige gegeben hat. Und wenn er nicht gekommen wäre, da die Zeit nach seiner Vorsehung erfüllt war, dir zu offenbaren, daß du eine immaterielle, unsterbliche Seele hast, du selbst hättest keinen Beweis dafür.

Ich bin recht schwach, was auch mein Arzt, Herr Tronchin, sagen möge, und meine Seele, die ich Lisette heiße, ist gar nicht wohl in ihrem alten Futteral. Ich sage manchmal zu Lisette: „Auf, sei doch heiter wie die Lisette meines lieben Freundes." Sie antwortet, sie könne nichts dafür; dem Körper müsse es wohl sein, wenn es *ihr* wohl sein solle. „Pfui doch, Lisette", sage ich zu ihr; „wer wird solche Reden führen; da wird man dich ja für materiell halten." „Das ist nicht meine Schuld", sagt dann Lisette; „ich gebe mich nicht für besser aus als ich bin." So unterhalte ich mich oft mit Lisette und möchte nur, mein alter Freund wäre auch dabei; aber der ist hundert Meilen weit weg von hier, in Paris bei *seiner* braven Lisette.

Ist der menschliche Wille frei?

Wenn ich mich nicht sehr täusche, so hat Locke, " der Begriffsbestimmer, den Begriff der Freiheit sehr gut bestimmt als Kraft. Wenn ich mich nicht wieder täusche, so ist Collins, ein angesehener Londoner Beamter, der einzige Philosoph, der diesen Gedanken richtig durchgedacht hat; und Clarke hat ihm nur nach Theologenart geantwortet. Von allem, was man in Frankreich über die Freiheit geschrieben hat, kenne ich nichts Bündigeres als das hier folgende Zwiegespräch:

A: Das ist ja eine Batterie, die vor unseren Ohren abgefeuert wird. Haben Sie die Freiheit, das zu hören oder nicht zu hören?

B: Ich kann sicher nicht machen, daß ich es nicht höre.

A: Wollen Sie, daß diese Kanone Ihren Kopf wegreißt sowie die Köpfe Ihrer Frau und Ihrer Tochter, die mit Ihnen spazierengehen?

B: Was sinnen Sie mir da an? Solange ich bei Sinnen bin, kann ich doch etwas derartiges nicht wollen; das ist unmöglich.

A: Gut. Sie hören also notwendigerweise diese Kanone und notwendigerweise wollen Sie mit Ihrer Familie nicht durch einen Kanonenschuß auf dem Spaziergang sterben. Sie haben nicht die Kraft, nicht zu hören; Sie haben auch nicht die Kraft, hier bleiben zu wollen.

B: Das ist klar. "

A: Sie haben infolgedessen ungefähr dreißig Schritte gemacht, um sich vor der Kanone zu decken. Sie haben die Kraft gehabt, diese paar Schritte mit mir zu gehen.

B: Das ist wiederum sehr klar.

A: Und wenn Sie gelähmt gewesen wären, so wären Sie unvermeidlich dieser Batterie ausgesetzt gewesen und hätten notwendigerweise diesen Kanonenschuß gehört und bekommen; Sie wären notwendigerweise daran gestorben.

B: Vollkommen richtig.

A: Worin besteht also Ihre Freiheit als in der von Ihrer Persönlichkeit ausgeübten Kraft das zu tun, was ihr Wille mit unbedingter Notwendigkeit verlangte?

B: Sie machen mich ganz perplex. Die Freiheit besteht also bloß darin, daß ich tun kann, was ich will.

A: Denken Sie einmal nach und sehen Sie, ob man unter Freiheit etwas anderes verstehen kann.

B: In diesem Fall ist mein Jagdhund so frei wie ich; er hat notwendigerweise den Willen zu laufen, wenn er einen Hasen sieht, und die Kraft zu laufen, wenn ihm die Füße nicht weh tun. Ich stehe also ganz auf der Stufe meines Hundes, ich habe nichts vor dem Tier voraus.

A: Da haben wir wieder die ärmlichen Sophismen der Sophisten, bei denen Sie in die Schule gegangen sind. Ist das etwas so Schlimmes, wenn Sie so frei sind, wie Ihr Hund? Essen Sie nicht wie er, schlafen Sie nicht so, pflanzen Sie sieh nicht so fort, bis auf die Haltung? Möchten Sie anders riechen als durch die Nase? Warum wollen Sie die Freiheit anders haben als Ihr Hund?

B: Aber ich habe eine Seele, die viel denkt. Und mein Hund denkt kaum. Er hat doch fast bloß einfache Gedanken, und ich habe tausend metaphysische Ideen.

A: Dann sind Sie auch tausendmal freier als er; das heißt: Sie haben tausendmal mehr Kraft zu denken als er; aber Sie sind nicht in anderer Art frei als er.

B: Was? Ich bin nicht frei zu wollen, was ich will?

A: Was verstehen Sie darunter?

B: Was jedermann darunter versteht. Sagt man nicht täglich: Der Wille ist frei?

A: Ein Sprichwort beweist nichts; erklären Sie sich näher!

B: Ich meine, daß es mir freisteht zu wollen, wie es mir beliebt.

A: Erlauben Sie, das hat keinen Sinn. Sehen Sie nicht, daß es lächerlich ist zu sagen: Ich will wollen? Sie wollen notwendigerweise kraft der Gedanken, die Ihnen gekommen sind. Wollen Sie heiraten, ja oder nein?

B: Wenn ich nun aber sage: Keins von beiden.

A: Da würden Sie antworten wie der, der sagte: Die einen glauben, der Kardinal Mazarin sei gestorben, die andern meinen, er sei noch am Leben; ich glaube keins von beiden.

B: Nun also! So will ich heiraten.

A: Das heißt endlich einmal Antwort geben. Warum wollen Sie heiraten?

B: Weil ich in ein junges Mädchen verliebt bin, das schön ist und sanft und wohl erzogen und ziemlich reich, das schön singen kann, dessen Eltern sehr wackere Leute sind, das auch, wie ich mir schmeicheln darf, mich liebt, und deren Familie ich nicht unwillkommen bin.

A: Das sind doch Gründe. Nun sehen Sie, daß Sie nicht wollen können ohne Gründe. Und nun sage ich Ihnen, daß Sie frei sind, zu heiraten, das heißt: Sie haben die Kraft, den Ehevertrag zu unterzeichnen, Hochzeit zu machen und bei Ihrer Frau zu schlafen.

B: Wie? Ich kann nicht wollen ohne Gründe? Ja, was wird dann aus dem anderen Sprichwort: *Sit pro ratione voluntas?* Ich will, weil ich will.

A: Das ist sinnlos, mein lieber Freund; da gäbe es in Ihnen eine Wirkung ohne Ursache.

B: Wie? Wenn ich „Gleich und Ungleich“ spiele, habe ich da einen Grund, lieber Gleich zu wählen als Ungleich?

A: Ja, gewiß.

B: Und was wäre dann dieser Grund, bitte?

A: Die Vorstellung Gleich ist Ihnen eben eher eingefallen als die Vorstellung Ungleich. Das wäre doch komisch, wenn es Fälle gäbe, wo Sie wollen, weil Sie einen Grund zum Wollen haben, und einige Fälle, wo Sie ohne Grund wollen. Wenn Sie sich verheiraten wollen, so fühlen Sie doch augenscheinlich den bestimmenden Grund; Sie fühlen ihn nicht, wenn Sie Gleich und Ungleich spielen; und doch muß es wohl einen geben.

B: Nun, noch einmal: ich bin also nicht frei?

A: Ihr Wille ist nicht frei, Ihre Taten sind frei. Es steht Ihnen frei zu handeln, wenn Sie die Kraft zu handeln haben.

B: Aber alle die Bücher, die ich über die Freiheit der Indifferenz gelesen habe?

A: Was verstehen Sie unter Freiheit der Indifferenz?

B: Darunter verstehe ich: rechts oder links ausspucken können, auf der rechten oder linken Seite beim Schlafen liegen, vier oder fünfmal auf und ab spazieren.

A: Da hätten Sie, weiß Gott, eine komische Freiheit! Da hätte Ihnen Gott ein nettes Geschenk gemacht. Darauf könnten Sie sich etwas zugute tun! Was würde Ihnen denn eine Kraft helfen, die Sie nur bei so nichtigen Gelegenheiten ausüben könnten! Aber tatsächlich ist es lächerlich, einen Willen anzunehmen, der nach rechts ausspucken will. Nicht bloß ist dieser Wille zu wollen sinnlos, sondern es ist auch sicher, daß viele kleine Umstände Sie zu diesen Handlungen bestimmen, die Sie „indifferent" nennen. Sie sind bei diesen Handlungen so wenig frei wie bei den anderen. Aber noch, einmal, Sie sind frei allezeit und überall, sobald Sie tun, was Sie tun wollen.

B: Ich vermute, Sie haben recht. Ich will darüber noch weiter nachdenken.

Der unveränderliche Charakter

Kann man dem Charakter nach anders werden? Ja, wenn man körperlich ein anderer wird. Ein Mann mag als gewalttätiger, starrsinniger Zänker geboren sein und im Alter einen Schlaganfall bekommen; dann kann er ein weinerliches, schüchternes, dummes Kind werden. Sein Körper ist nicht mehr derselbe. Solange sein Blut, sein Rückenmark, seine Nerven dieselben sind, wird sein Temperament so wenig anders als der Trieb eines Wolfs oder eines Marders.

Der Charakter wird von unseren Gedanken und Gefühlen gebildet; nun steht es fest, daß man sich seine Gedanken und Gefühle nicht selbst gibt; also hängt unser Charakter nicht von uns ab. Wäre dem so, wer wäre da nicht vollkommen? Wir können uns keine Neigungen und keine Talente geben; wie sollten wir uns Charaktereigenschaften geben können? Wenn man nicht nachdenkt, glaubt man, man könne alles machen; wenn man nachdenkt, sieht man, daß man nichts machen kann.

Wollt ihr den Charakter eines Menschen von Grund auf ändern, so müßt ihr ihn täglich mit Abführmitteln purgieren, bis ihr ihn umgebracht habt. Karl XII. in seinem Wundfieber auf dem Weg nach Bender war nicht mehr derselbe Mensch. Man konnte ihn lenken wie ein Kind.

Wenn ich eine schiefe Nase und Katzenaugen habe, so kann ich sie hinter einer Maske verstecken. Kann ich mit dem Charakter, den mir die Natur gegeben hat, etwa mehr tun?

Religion und Moral können der Kraft des Temperaments einen Zügel anlegen; sie können sie nicht zerstören. Das Alter schwächt den Charakter ab; der Baum trägt nur noch minderwertige Früchte; aber sie sind noch immer von derselben Art; er bekommt Astknoten und Moos und den Wurmfraß; er bleibt doch immer eine Eiche oder ein Birnbaum. Könnte man seinen Charakter ändern, man würde sich einen geben, man wäre der Herr der Natur. Kann man aber sich etwas geben? Empfangen wir nicht alles? Versucht einen Schlaffen mit Unternehmungsgeist zu durchdringen; einen feurigen, stürmischen Menschen zu dämpfen, daß er teilnahmlos wird; einem unmusikalischen Menschen Neigung zur Musik einzuflößen – ihr könntet ebensogut einen Blindgeborenen sehend machen wollen. Wir verbessern, wir mildern, wir verbergen was uns die Natur mitgab; wir schaffen nichts Neues.

Man sagt zu einem Züchter: Sie haben zu viele Fische in diesem Fischteich, sie werden nicht gedeihen; Sie haben zu viel Vieh auf Ihrer Weide; es ist zu wenig Futter da, es wird abmagern. Nun mögen nach dieser Mahnrede die Hechte die Hälfte der Karpfen meines guten Mannes verschlingen und die Wölfe die Hälfte seiner Schafe: die übrigbleibenden gedeihen prächtig. Kann er nun stolz sein auf seine Züchterkunst? Dieser Ökonom bist du. Eine deiner Leidenschaften hat die anderen aufgefressen, und du meinst, über dich selbst einen Sieg errungen zu haben. Gleichen wir nicht fast alle dem neunzigjährigen General, der junge Offiziere antraf, wie sie mit Freudenmädchen etwas Unfug trieben. „Meine Herren“, sagte er ganz entrüstet, „ist das das Beispiel, das ich Ihnen gebe?“

Was können wir wissen?

Man hat sich recht lange über die „verborgenen Eigenschaften“ lustig gemacht. Man sollte sich über die lustig machen, die nicht daran glauben. Wir wollen es hundertmal wiederholen, jedes Prinzip, jede erste Springfeder in jeglichem Werk des großen Demiurgos ist geheim und den Sterblichen für immer verborgen.

Was ist die Zentripetalkraft, die Schwerkraft, die ohne Berührung auf unendliche Entfernungen hinaus wirkt? – Welche Kraft zieht unser Herz mit seinen Ohren sechzigmal in der Minute zusammen? Welche andere Kraft verwandelt dieses Gras in Milch in den Eutern einer Kuh, und dieses Brot in Blut, Fleisch, Knochen in diesem Kind, das mit seiner Nahrung heranwächst bis zu einem bestimmten Punkt, der der Höhe seines Wuchses ein Ziel setzt, ohne daß irgendeine Kunst ihm auch nur eine Linie hinzuzufügen vermöchte?

Pflanzenwesen, Minerale, Tierwesen, wo ist euer erstes Prinzip? Es ist in der Hand dessen, der die Sonne um ihre Achse sich drehen läßt und der sie in Licht gekleidet hat.

Dieses Blei wird nie zu Silber werden; dieses Silber wird nie Gold; dieses Gold nie ein Diamant; so wenig dieses Stroh je zu Zitronat oder Ananas wird.

Welche Korpuskularphysik, welche Atome bestimmen so ihre Natur? Ihr wisst nichts darüber; die Ursache wird euch ewig verborgen sein; alles um euch, alles in euch ist ein Rätsel, dessen Lösung zu erraten dem Menschen nicht gegeben ist.

Dieser Erznichtskenner glaubt etwas zu wissen, wenn er sagt, die Tiere haben eine vegetative und eine sensitive Seele, die Menschen haben eine vegetative, eine sensitive und eine intellektuelle.

Ärmlicher Mensch, du Hochmutstropf, der du mir Worte von dir gibst, hast du je eine Seele gesehen, weißt du, wie so etwas gemacht ist? Wir haben in unseren Fragen schon viel von der Seele gesprochen und immer unsere Unwissenheit eingestanden. Heute unterschreibe ich noch einmal dieses Geständnis, und zwar um so nachdrücklicher als ich seither viel mehr gelesen, viel mehr nachgedacht, mich viel mehr gebildet habe; und so bin ich noch viel mehr in der Lage zu versichern, daß ich nichts weiß.

Das war ein wahrer Weiser, der erste Unwissende, der zum schöpferischen Wesen also sprach: Du hast mich gemacht ohne mein Vorwissen und du erhältst mich, ohne daß ich eine Ahnung hätte, wie ich bestehen kann. Als ich an der Brust meiner Amme sog, befolgte ich ein physikalisches Gesetz, das ich doch nicht durchschaue; und einem noch schwerer verständlichen folge ich, wenn ich die Nahrungsmittel esse und verdaue, mit denen du mich nährst. Noch weniger weiß ich, wie Gedanken in meinen Kopf kommen, um ihn sofort wieder auf Nimmerwiedersehen zu verlassen, während andere mein ganzes Leben lang darin bleiben und allen meinen Versuchen trotzen, sie zu verscheuchen. Ich bin eine Auswirkung deiner verborgenen allerhöchsten *Kraft*, der die Sterne gehorchen gerade so wie ich. Ein vom Winde bewegtes Staubkörnchen sagt nicht: *Ich* befehle den Winden. *In te vivimus, movemur et sumus*. Du bist das einzige Wesen, der Rest ist Welt.

Die Metaphysik ist das Feld der Zweifel und der Roman der Seele. Wir wissen sehr wohl, daß mehr als ein gelehrter Herr uns dummes Zeug vorgeschwatzt hat; aber wir verfügen kaum über *eine* Wahrheit, die wir an die Stelle ihrer zahllosen Irrtümer setzen könnten. Wir schwimmen im Meer der Ungewißheit; und das muß so sein, da wir nur Tiere sind, ungefähr fünf und ein halb Fuß hoch und mit einem Gehirn von ungefähr vier Kubikzoll. Mein Gehirn, mein Herr, ist der sehr ergebene Diener des Ihrigen.

Ich werde bis zum letzten Atemzug der Sekte der Pyrrhoniker angehören.

Schade, daß man einen Teil seines Lebens damit hinbringen muß, alte Zauberschlösser zu zerstören. Es wäre ja besser, Wahrheiten festzustellen, als Lügen zu untersuchen. Aber wo sind die Wahrheiten?

Der Philosoph in Verlegenheit

Aus der Geschichte eines guten Brahmanen

Auf meinen Reisen traf ich einen alten Brahmanen, einen weisen, geistvollen und sehr gelehrten Mann; außerdem war er reich und folglich nur um so mehr weise; denn, da er alles hatte, was er brauchte, so hatte er nicht nötig, irgend jemand zu täuschen. Sein Haushalt war sehr gut geleitet von drei schönen Frauen, deren einziges Streben war, ihm zu gefallen; und wenn er sich nicht mit seinen Frauen dem Vergnügen hingab, so brachte er seine Zeit mit Philosophieren zu.

Neben seinem Haus, das schön, reich geschmückt und von entzückenden Gärten umgeben war, lebte eine alte strenggläubige und ziemlich arme Hindufrau.

Eines Tages sagte der Brahmane zu mir: Ich wollte, ich wäre nie geboren. Ich fragte ihn: Warum? Er antwortete: Nun studiere ich seit vierzig Jahren – es sind vierzig verlorene Jahre; ich lehre die andern, und ich weiß nichts; dieser Zustand ist für mich so demütigend, so anwidernd, daß mir das Leben unerträglich ist. Ich bin geboren und ich lebe in der Zeit, und ich weiß nicht, was die Zeit ist; ich finde mich in einem Punkte zwischen zwei Ewigkeiten, wie unsere Weisen sagen, und ich habe keine Vorstellung von einer Ewigkeit; ich bestehe aus Stoff und ich denke; und ich habe mir nie deutlich machen können, was das Denken hervorbringt; ich weiß nicht, ob mein Verstand eine einfache Fähigkeit in mir ist, gleich der Fähigkeit des Gehens, des Verdauens, oder ob ich mit meinem Kopf denke, wie ich mit meinen Händen greife. Nicht bloß die Grundursache des Denkens ist mir unbekannt; die Grundursache meiner Bewegungen ist mir gerade so verborgen; ich weiß nicht, warum ich existiere. Und doch stellt man mir täglich Fragen über diese Probleme. Ich muß antworten; ich habe nichts

Rechtes zu sagen; ich rede viel; und wenn ich geredet habe, so stehe ich da mit dummem Kopf und schäme mich vor mir selbst.

Noch schlimmer wird es, wenn man mich fragt, ob Brahma von Wischnu hervorgebracht wurde oder ob sie alle beide ewig sind. Gott ist mein Zeuge, daß ich keine Ahnung davon habe, und das merkt man wohl an meinen Antworten. Ah! Ehrwürdiger Vater, sagt man zu mir; belehren Sie uns doch, wie es kommt, daß die Erde so von Übeln überschwemmt ist. Ich bin geradeso in Verlegenheit wie die Fragesteller; ich sage ihnen manchmal, es sei alles aufs beste eingerichtet. Aber diejenigen, die der Krieg zugrunde gerichtet und verstümmelt hat, wollen mir das nicht aufs Wort glauben, und ich glaube es auch nicht. Dann mache ich mich wieder nach Hause, niedergedrückt von meinem Wissensdrang und von meiner Unwissenheit. Ich lese unsere alten Bücher, dadurch wird alles nur dunkler.

Ich rede mit meinen Kollegen: die einen sagen, man solle das Leben genießen und die Menschen zum besten haben; die andern glauben, sie wissen etwas und verlieren sich in allen möglichen Schwärmereien; mein Unbehagen wird so nur größer. Manchmal bin ich nahe daran, in Verzweiflung zu versinken, wenn ich bedenke, daß ich nach allem Forschen nicht weiß, woher ich komme, was ich bin, wohin ich gehe, was aus mir werden wird.

Der gute Mann tat mir wirklich leid. Es gab keinen vernünftigeren, ehrlicheren Menschen als ihn. Es kam mir vor, als ob er um so unglücklicher wäre, je heller sein Verstand und je wärmer sein Herz beschaffen war.

An demselben Tag sah ich die alte Frau aus seiner Nachbarschaft. Ich fragte sie, ob sie jemals darüber betrübt gewesen sei, daß sie nicht wisse, wie ihre Seele beschaffen sei. Sie verstand nicht einmal meine Frage. Nie hatte sie auch nur einen einzigen Augenblick ihres Lebens über ein einziges der Probleme nachgedacht, die den guten Brahmanen so quälten. Sie glaubte von ganzem Herzen an die Verwandlungen Wischnus, und wenn sie manchmal etwas Gangeswasser bekommen konnte, sich damit zu waschen, so dünkte sie sich die glücklichste der Frauen.

Unter dem tiefen Eindruck, den mir das Glück dieses armen Wesens machte, ging ich wieder zu meinem Philosophen und sagte zu ihm: Schämen Sie sich nicht, daß Sie so unglücklich sind, während Ihrem Haus gegenüber ein alter Automat, der gar nichts denkt, ganz vergnügt dahinlebt? Sie haben recht, war seine Antwort, ich habe mir hundertmal gesagt, ich wäre glücklich, wenn ich so dumm wäre wie meine Nachbarin; und doch möchte ich kein solches Glück.

Diese Antwort meines Brahmanen machte mir einen tieferen Eindruck als alles übrige. Ich ging mit mir zu Rate und erkannte, daß ich in der Tat nicht glücklich sein wollte um den Preis, ein Dummkopf zu sein.

Ich legte diese Frage Philosophen vor; sie waren auch meiner Ansicht. Und doch, sagte ich, steckt in dieser Denkweise ein Widerspruch, daß man rasend werden möchte; denn um was handelt es sich denn im Grunde? Doch darum, glücklich zu sein. Was macht es da aus, ob man Geist hat oder dumm ist? Ja noch mehr; wer zufrieden ist mit seinem Dasein, der ist sicher, daß er zufrieden ist; wer nachdenkt, der weiß nicht so ganz sicher, ob er recht nachdenkt. Es ist also klar, sagte ich, man müßte sich eigentlich das Los wünschen, des gesunden Menschenverstandes bar zu sein, wenn wir durch diesen gesunden Menschenverstand auch nur ein klein bißchen unglücklich werden.

Jedermann war meiner Ansicht, und doch fand ich niemand, der den Handel gerne hätte eingehen wollen, ein Dummkopf zu werden, um es dafür behaglich zu haben. Daraus schloß ich, daß wir, wenn wir Wert aufs Glück legen, die Vernunft doch noch mehr schätzen.

Aber nach weiterem Nachdenken scheint es mir, daß diese Bevorzugung der Vernunft vor dem Glück doch etwas recht Sinnloses ist. Wie kann man diesen Widerspruch sich zurechtlegen? Wie alle anderen. Es läßt sich viel darüber sagen.

Das Programm einer neuen Geschichtsschreibung

Geschichte habe ich zuerst für mich allein studiert und nicht für das Publikum; meine Studien waren gar nicht auf Veröffentlichung berechnet. Eine Dame, und zwar nicht die erste beste, sondern eine, die eine Zierde ihrer Zeit war und nicht nur *ihrer* Zeit, wollte sich mit mir in die Geschichte vertiefen, an der sie zunächst ebensoviel oder ebensowenig gefunden hatte wie der Pater Malebranche; denn sie war wie dieser hauptsächlich für Metaphysik und Mathematik veranlagt. „Was hat", so klagte sie, „eine Französin, eine Gutsherrin, davon, wenn sie weiß, daß Egli der Nachfolger des Königs Haquin in Schweden war und Ottomar der Sohn Ortoguls. Die Geschichten der Griechen und Römer las ich noch mit Vergnügen; sie boten anziehende Bilder; aber von den großen Geschichtsbüchern, die unsere neueren Völker behandeln, hatte ich noch keines zu Ende zu lesen vermocht: ein wirrer Haufe zusammenhangloser Tatsachen, tausend Berichte von Schlachten, die nichts entschieden haben und aus denen ich nicht einmal erfuhr, mit was für Waffen man sich schlug."

„Wie wäre es," sagte ich zu ihr, „wenn wir aus dem Wirrwarr durch Sichtung des Stoffes ein brauchbares Gebäude aufführten, wenn wir diese ebenso langweiligen wie unzuverlässigen kriegerischen Einzelheiten, alle diese Diplomatenkniffe, die doch nur Spitzbubenstreiche waren, uns schenkten, und nur die Ereignisse beachteten, in denen sich der Geist der Zeiten spiegelt? Ein umfassendes, wohl gegliedertes Gemälde der Entwicklung des menschlichen Geistes entwerfen, das hieße doch wohl nicht seine Zeit verlieren." Das leuchtete ihr ein, und so arbeitete ich in diesem Sinne. Und so ist denn nicht ein chronologisches und genealogisches Werk entstanden – daran fehlt es ja nicht –, sondern ein Bild der Jahrhunderte, wie es eine feingebildete, geistvolle Dame mit mir betrachten mochte und wie es in ihren Kreisen wohl Aufnahme finden mag. Auf diese Weise entstand der „Versuch über die Sitten und den Geist der Völker", um diese Dame mit der Geschichte zu versöhnen, an der ihr vor allem der langweilige Einzelkram, die empörenden Lügen und die inhaltliche Darstellung in kleinlichem, barbarischem Geiste widerwärtig gewesen war. Eine großzügige, eine kritisch gesichtete, eine in philosophischem Geist gehaltene Geschichtsschreibung war unser Programm.

Ich danke Ihnen für Ihre Anekdoten aus der Türkei. Obwohl ich darüber lachen mußte, bin ich im Grund doch immer böse, daß diese beschnittenen Barbaren die Herren im Lande von Orpheus und Homer sind. Ich mag ein Volk nicht, das nur Zerstörer, nur Feind der Künste war. Ich bedauere meinen Neffen, daß er die Geschichte dieser wüsten Nation schreibt. Die wahre Geschichte ist die der Sitten, der Gesetze, der Künste und der Fortschritte des menschlichen Geistes. Die der Türken ist nur die Geschichte von Raubzügen, und ich würde gerade so gerne die Denkwürdigkeiten der Wölfe des Juragebirges schreiben, unter denen zu wohnen ich die Ehre habe. Wir müssen doch recht neugierig sein, wir Welsche des Abendlands, daß wir unaufhörlich zusammenstoppeln, was man über die Völker Asiens zu denken hat, die niemals an uns gedacht haben.

Audi alteram partem, dieses Wort muß sich jeder Geschichtsforscher und Leser zum Gesetz machen.

Hätte die Liga gesiegt, so stünde Heinrich IV. heute da als ein kleiner Prinz von Béarn, ein Wüstling, den die Päpste bannen mußten. – Hätte Arius seinen Gegner Athanasius auf dem Konzil zu Nicäa überwunden, hätte Konstantin sich zu ihm geschlagen, Athanasius gälte heute für einen Neuerer, einen Ketzer, einen maßlosen Eiferer, der Jesus zuschrieb, was ihm nicht zukam. – Die Römer haben Treue und Glauben der Karthager in Verruf gebracht. Man müßte die Archive der Familie Hannibals einsehen können, um ein Urteil zu haben. Ich würde gerne die Memoiren von Kaiphas und Pilatus lesen können. – Ich wünschte mir die des Pharaonischen Hofes; da würden wir sehen, was Pharao sagen würde zu seinem angeblichen Befehl an die ägyptischen Hebammen, alle hebräischen Knaben zu ertränken, und welchen Wert dieser Befehl hatte, da die Juden sich immer nur jüdische Hebammen hielten.

Es ist eine wahre Freude, die Bücher der Whigs und der Tories zu lesen. Hört man die Whigs, so haben die Tories England verraten; hört man die Tories, so hat jeder Whig den Staat seinen Interessen aufgeopfert. Glaubt man beiden Parteien, so gibt es keinen anständigen Menschen in der ganzen Nation. Noch netter war es in den Zeiten der weißen und der roten Rose. Herr von Walpole hat wohl recht mit seinem großen Wort: Einem König, der Erfolg hat, stellen sich alle Geschichtsschreiber als Kronzeugen zur Verfügung. Der hartherzige und habsüchtige Heinrich VII. siegte über Richard III. und sofort zeichnen alle Federn, die man in England zu schneiden beginnt, Richard als ein Ungeheuer nach Leib und Seele. Er, der nach den Bildern, die man von ihm hat, ganz hübsch war, wird ein häßlicher Buckliger mit einem abstoßenden Gesicht; er hat grausame Taten begangen; man belastet ihn mit allen Verbrechen, auch solchen, die offensichtlich seinen Interessen zuwiderliefen. – Man lese die Denkwürdigkeiten der Königin Maria von Medici: der Kardinal von Richelieu ist der undankbarste der Menschen; ein schurkischer, niederträchtiger Tyrann. Man lese, wenn man es über sich bringt, die an diesen Minister gerichteten Zueignungsschriften: er ist der erste unter den Sterblichen, ein Held, ein Heiliger sogar, der kleine Schmeichler Sarrasin heißt ihn den „göttlichen Kardinal“. Das Gedächtnis des Papstes Gregor VII. ist den Franzosen und Deutschen ein Greuel; in Rom wird er heilig gesprochen.

Die Glanzzeiten der Geschichte

Alle Zeiten haben Helden und Staatsmänner hervorgebracht, und alle Völker haben Umwälzungen durchgemacht. Für den, der nur sein Gedächtnis mit Tatsachen füllen will, sind alle Geschichten ungefähr gleich. Aber wer denkt und, was noch seltener ist, wer Geschmack hat, zählt nur vier Jahrhunderte in der Weltgeschichte. Diese vier glücklichen Zeitalter sind die, in denen die Künste in Blüte standen und zu denen als zu Marksteinen menschlicher Geistesgröße die Nachwelt bewundernd aufsieht.

Das erste der vier ist das der Perikles, der Demosthenes, Aristoteles, Plato, Apelles, Phidias und Praxiteles; es ist auf Griechenland beschränkt; der Rest der Erde war noch Barbarenland.

Das zweite Zeitalter ist das Cäsars und Augustus' und wird gekennzeichnet durch die Namen Lukrez, Cicero, Livius, Virgil, Horaz, Ovid, Varro, Vitruvius.

Das dritte ist das Ruhmeszeitalter Italiens, das auf die Eroberung von Konstantinopel durch die Türken folgte, in dem in Florenz eine bürgerliche Familie, die Medici, das unternahm, was die Könige Europas hätten tun sollen.

Das vierte und vielleicht dasjenige, das der Vollendung am nächsten kommt, ist das Jahrhundert Ludwigs XIV. In den Künsten mag es die drei anderen vielleicht nicht überragen, aber die Vernunft im allgemeinen hat die größten Fortschritte gemacht; erst jetzt ersteht eine gesunde Philosophie. In den Geistern, in den Sitten, im politischen wie im künstlerischen Leben kündigt sich ein Umschwung an, der der beste Ruhmestitel für unser Vaterland ist, dessen glücklicher Einfluß sich aber nicht auf Frankreich beschränkt. Er wirkt nach England hinüber und weckt den Wetteifer dieser Nation voll Geist und Willenskraft; er bringt den Geschmack nach Deutschland und die Wissenschaft nach Rußland; und ganz Europa verdankt seine feine Sitte und seine gesellige Bildung dem Hof Ludwigs XIV.

Von Leiden und von Verbrechen frei waren auch diese vier Jahrhunderte nicht. Friedliche Bürger mögen sich der Pflege der Kunst weihen; das hindert die Fürsten nicht, ehrgeizig zu sein, die Völker nicht, aufsässig zu werden, die Priester und Mönche nicht, heimtückisch zu intrigieren. Im Punkte der menschlichen Bosheit gleichen sich alle Jahrhunderte; was diese vier und nur sie auszeichnet, das ist die Schar großer Talente.

Die Philosophie macht heute so große Fortschritte in der Milderung der menschlichen Sitten. Unserem Jahrhundert scheint es beschieden, die Verbrechen vergangener Jahrhunderte wieder gutzumachen; das wird gelingen, wenn der Geist der Duldung sich durchsetzt. Aber um sagen zu dürfen, wir seien besser als unsere Vorfahren, müßten wir unter denselben Umständen wie sie vor den Grausamkeiten, deren sie sich schuldig machten, zurückschaudern; und es ist nicht bewiesen, daß wir in ähnlicher Lage menschlicher wären als sie. Die Philosophie dringt nicht immer zu den Großen durch, die befehlen, und noch weniger zu den Horden der Kleinen, die ausführen. Sie findet sich meist nur bei Menschen in bescheidener Lebensstellung, die gleich weit von dem herrschsüchtigen Ehrgeiz entfernt sind wie von der engstirnigen Roheit, die in dessen Diensten steht. Das christliche Europa wurde schließlich eine Art ungeheurer Republik, in der das Gleichgewicht der Mächte besser festgelegt ist als einst in Griechenland.

Trotz den Kriegen, die der Ehrgeiz der Könige erregt, und trotz den noch wüsteren Religionskriegen verbindet ein nie aussetzender Verkehr alle Teile Europas. Die Künste, nach denen der Glanz der Staaten gewertet wird, sind auf einer Höhe, die Griechenland und Rom niemals kannten.

Eine mustergültige Verfassung und wie sie zustande kam

Diese politische Mischform in England, dieses Zusammenwirken der Gemeinen, der Lords und des Königs war nicht immer in Geltung; England war lange Zeit versklavt – durch Römer, Sachsen, Dänen, Franzosen. Wilhelm der Eroberer beherrschte es mit eisernem Zepter. Er verfügte über Hab und Gut und über das Leben seiner neuen Untertanen wie ein orientalischer Herrscher. Er verbot bei Todesstrafe jedem Engländer, Feuer und Licht nach acht Uhr abends in seinem Hause zu haben, sei es, daß er so ihren nächtlichen Zusammenkünften vorbeugen wollte, sei es, daß er mit diesem wunderlichen Verbot bloß ausprobieren wollte, wie weit die Macht eines Menschen über andere Menschen reicht. Allerdings haben die Engländer vor und nach Wilhelm dem Eroberer Parlamente gehabt, und sie rühmen sich dessen, als ob diese Körperschaften, die man damals Parlamente hieß und in denen Kirchentyrannen saßen und Plünderer, die man Barone nannte, die Hüter der Freiheit und des Glücks der Allgemeinheit gewesen wären. Die Barbaren, die sich von den Ufern der Ostsee her ins übrige Europa ergossen, brachten den Brauch der „Stände“ oder Parlamente mit, aus denen man so viel Wesens macht und die man so wenig kennt. Die Könige waren allerdings keine Despoten; aber gerade deswegen seufzten die Völker in elender Knechtschaft. Die Häuptlinge dieser Wilden, die Frankreich, Italien, Spanien und England verwüstet hatten, wurden Herrscher. Ihre Hauptleute teilten die Ländereien der Besiegten unter sich; daher die Markgrafen, die „Lairds", die Baronen, diese Untertyrannen, die sich oft mit den unsicher auf ihrem Thron sitzenden Königen um die Beute stritten. Es waren Raubvögel, die einen Adler bekämpften, weil sie den Tauben das Blut aussaugen wollten. Jedes Volk hatte hundert Tyrannen, statt eines guten Herren. Auch Priester mischten sich bald ins Spiel. Zu allen Zeiten war es das Los der Gallier, der Germanen, der englischen Inselbewohner gewesen, von ihren Druiden beherrscht zu werden sowie von ihren Dorfhäuptlingen, einer Art Vorgänger der Barone, nur daß sie weniger tyrannisch waren als diese ihre Nachfolger. Diese Druiden gaben sich als Mittler zwischen der Gottheit und den Menschen aus; sie machten Gesetze, sie bannten, sie verurteilten zum Tode. Die Bischöfe folgten ihnen allmählich nach in ihrer weltlichen Gewalt in dem gotischen und vandalischen Staatswesen. Die Päpste stellten sich an ihre Spitze; mit ihren Breven, Bullen und mit Hilfe ihrer Mönche flößten sie den Königen Schrecken ein, setzten sie ab, ließen sie ermorden und zogen aus Europa soviel Geld an sich als sie konnten.

Der schwachköpfige Inas, einer der Tyrannen der englischen Heptarchie, war der erste, der in einer Pilgerfahrt nach Rom sich dazu hergab, den Peterspfennig (ungefähr einen Taler in unserem Geld) für jedes Haus in seinem Gebiet zu bezahlen. Die ganze Insel folgte bald diesem Beispiel; England wurde allmählich eine Provinz des Papstes; der Heilige Vater schickte von Zeit zu Zeit seine Legaten dahin, um maßlose Steuern zu erheben. Johann ohne Land trat endlich sein Reich in aller Form Seiner Heiligkeit ab, die ihn gebannt hatte; die Barone, die dabei nicht auf ihre Rechnung kamen, verjagten diesen elenden König und ersetzten ihn durch Ludwig VIII., den König von Frankreich, Vater des heiligen Ludwig. Aber bald hatten sie diesen Neuankömmling satt und zwangen ihn, wieder über das Meer zu gehen.

Während die Barone, die Bischöfe und die Päpste dieses England, in dem alle herrschen wollten, zerfleischten, wurde das Volk, dieser zahlreichste, wertvollste, ja tugendhafteste Teil der Menschheit, dem die Rechts- und Wissenschaftsbeflissenen angehören, die Kaufleute, die Handwerker, die Landarbeiter, die den ersten und am meisten verachteten Beruf ausüben, das Volk, sage ich, wurde von jenen angesehen als stehe es auf der untermenschlichen Stufe der Tiere. Keine Rede davon, daß die Gemeinen damals Anteil an der Regierung gehabt hätten; sie waren die „vilains“, ihre Arbeit und ihr Blut gehörte ihren Herren, die sich „Edle“ nannten. Die Menschen waren zum größten Teil in Europa damals, was sie jetzt noch an manchen Orten sind: Leibeigene eines Herrn, eine Art Vieh, das man mit dem Boden verkauft und kauft. Es brauchte Jahrhunderte, bis man der Menschheit Gerechtigkeit erwies, bis man fühlte, es sei entsetzlich, wenn die vielen säen und die wenigen ernten. Ist es nicht ein Glück für die Franzosen, daß die Macht dieser kleinen Räuber in Frankreich durch die rechtmäßige Gewalt der Könige gebrochen wurde, wie sie in England gebrochen wurde durch die Gewalt des Königs und des Volkes?

In den Erschütterungen, in welche die Kämpfe der Könige und der Großen die Reiche versetzten, haben sich glücklicherweise die Ketten der Völker mehr oder weniger gelockert. Die Freiheit erstand in England aus dem Zank der Tyrannen. Die Barone zwangen Johann ohne Land und Heinrich III. zur Bewilligung jener berühmten Charta, deren Hauptzweck allerdings war, die Könige in Abhängigkeit von den Lords zu bringen, in der aber auch das übrige Volk etwas bedacht wurde, damit es sich bei Gelegenheit auf die Seite seiner angeblichen Gönner stelle. Diese große Charta, die man als den heiligen Quell der englischen Freiheiten ansieht, zeigt recht, wie wenig man Freiheit kannte. Schon der Titel beweist, daß der König sich von rechts wegen für unbeschränkt hielt und daß sogar die Barone und die Geistlichkeit ihn zu einer Milderung dieses angeblichen Rechts nur zwingen konnten, weil sie stärker waren als er. So beginnt die große Charta: „Wir gewähren aus freiem Willen den Erzbischöfen, Bischöfen, Äbten, Prioren und Baronen unseres Reichs folgende

Vorrechte“ usw. In den Artikeln dieser Charta steht kein Wort vom Haus der Gemeinen, ein Beweis, daß es noch gar nicht bestand, oder, wenn es bestand, keine Macht hatte. Die freien Menschen in England werden im einzelnen aufgezählt, ein trauriger Beweis dafür, daß es solche gab, die nicht frei waren. Aus dem Artikel XXXII ersieht man, daß die angeblich freien Menschen ihrem Herrn noch Dienstleistungen schuldeten. Eine solche Freiheit hatte noch viel von Sklaverei an sich. Im Artikel XXI befiehlt der König, seine Beamten dürfen künftig freien Menschen ihre Pferde und Karren nur gegen Entgelt nehmen. Diese Regelung erschien dem Volk als echte Freiheit, weil sie es von größerer Tyrannei erlöste. Heinrich VII., ein glücklicher Eroberer und Staatsmann, der so tat, als ob er den Baronen geneigt sei, der sie aber in Wahrheit haßte und fürchtete, ermöglichte ihnen die Veräußerung ihrer Güter. Die Gemeinen, die durch ihre Arbeit sich allmählich Vermögen erwarben, kauften so die Schlösser der erlauchten Pairs, die so toll gewesen waren, sich zugrundezurichten. Nach und nach bekamen so alle Güter andere Herren.

Das Haus der Gemeinen wurde tagtäglich mächtiger. Die Geschlechter der alten Pairs erloschen mit der Zeit. Und da in England im streng rechtlichen Sinn nur die Pairs eigentlich adlig sind, so gäbe es fast keinen Adel mehr in diesem Land, wenn die Könige nicht von Zeit zu Zeit neue Barone ernannt und so die einst von ihnen so sehr gefürchtete Pairskörperschaft erhalten hätten, um mit ihr die allzu gefährlich gewordene Körperschaft der Gemeinen in Schach zu halten. Alle diese neuen Pairs, die die erste Kammer bilden, erhalten vom König ihre Würde, aber sonst nichts, da keiner von ihnen das Gut besitzt, dessen Namen er führt. Einer ist ein Herzog von Dorset und hat keinen Zollbreit Landes in Dorsetshire; ein anderer ist Graf eines Dorfes, der kaum weiß, wo dieses Dorf liegt. Sie haben Macht im Parlament, sonst nirgends.

Hier hört man nichts von hoher, mittlerer und niederer Gerichtsbarkeit, auch nichts vom Recht der Jagd auf dem Grund und Boden eines Bürgers, der nicht die Freiheit hat, auf seinem eigenen Feld einen Schuß abzufeuern. Ein Mensch ist dort nicht darum von der Entrichtung gewisser Steuern befreit, weil er ein Adliger oder ein Priester ist. Alle

Steuern werden vom Haus der Gemeinen festgesetzt, das im Rang nur an zweiter, aber seinem Einfluß nach an erster Stelle steht. Die adligen Herren und die Bischöfe können wohl eine Bill der Gemeinen ablehnen, wenn es sich um Erhebung von Geldabgaben handelt, aber sie dürfen nichts daran ändern; sie müssen sie ohne Einschränkung entweder annehmen oder verwerfen. Ist die Bill von den Lords bestätigt und vom König gebilligt, so zahlt jedermann; jeder gibt nicht nach seinem Stand (das wäre widersinnig), sondern nach seinem Einkommen. Es gibt keine willkürliche Taille oder Kopfsteuer, sondern eine reale Steuer auf den Grundbesitz; die Güter wurden alle geschätzt unter dem berühmten König Wilhelm Ill. Die Grundsteuer besteht immer in gleicher Höhe fort, obwohl das Einkommen aus dem Grundbesitz gestiegen ist; so wird niemand gedrückt und niemand klagt; den Bauern drückt nicht der Holzschuh; er ißt Weißbrot, er ist gut gekleidet; er braucht nicht zu fürchten, man erhöhe ihm seine Steuern im nächsten Jahr, wenn er seinen Viehbestand erhöht oder sein Dach mit Ziegeln deckt. Man sieht da viele Bauern, die ungefähr fünf- bis sechshundert Pfund Sterling Einkommen haben und die sich nicht zu gut dünken, weiter den Boden zu bebauen, der sie reich gemacht hat und auf dem sie als freie Männer leben.

Realpolitisches

Die Denkschrift des sächsischen Gesandten, die Erwiderung auf die Denkschrift des Königs von Preußen, macht überall den besten Eindruck; wenn die Rechtsgründe über das Los der Staaten entschieden, wäre die Sache des Königs von Polen längst gerächt. Aber in den Streitigkeiten der Herrscher und der Nationen sind die Gewehre und die Gewaltmärsche die Richter letzter Instanz.

Sollen Friedensverträge aufgesetzt werden, so sind es die Säbel, mit denen man die Federn schneidet.

Wir brauchen endlich Frieden. Beim ersten Kanonenschuß in diesem Krieg sagte ich: Da haben wir's für sieben Jahre. Möchte ich mich um ein Jahr getäuscht haben.

Seine heilige Majestät der Zufall entscheidet über alles.

Ich liebe die Fronde-Kriege nicht, in Anbetracht, daß schon die ersten Schüsse den Auszahlern der Staatsrenten die Hände zu lähmen pflegen. Auch will ich lieber einem schönen Löwen gehorchen, der schon von Geburt viel stärker ist als ich, als zweihundert Ratten meiner Rasse

Antike und moderne Kulturwerte

Die Alten und die Neueren, oder das Boudoir der Frau von Pompadour

Frau von Pompadour: Wer ist denn diese Dame mit der Adlernase, mit den großen, schwarzen Augen, dem hohen, edlen Wuchs, der stolzen und dabei so herausfordernden Miene, die in mein Boudoir eintritt, ohne sich anmelden zu lassen, und die grüßt wie eine Nonne?

Tullia: Ich bin Tullia und bin geboren in Rom vor ungefähr achtzehnhundert Jahren; ich grüße wie eine Römerin und nicht wie eine Französin; ich komme, ich weiß selbst nicht woher, um mir Ihr Land, Ihre Persönlichkeit und Ihr Boudoir anzusehen.

Frau von Pompadour: Ah! Gnädige Frau, erweisen Sie mir die Ehre, Platz zu nehmen. Einen Lehnstuhl für Frau Tullia!

Tullia: Für wen? Für mich? Gnädige Frau, ich soll mich auf diesen kleinen unbequemen Thron hinsetzen, damit meine Beine herabhängen und ganz rot werden?

Frau von Pompadour: Wie setzen Sie sich denn?

Tullia: Auf ein gutes Bett, gnädige Frau.

Frau von Pompadour: Ah, ich verstehe; Sie meinen, ein gutes Kanapee. Hier ist eines, auf das Sie sich ganz behaglich hinlegen können.

Tullia: Es freut mich, zu sehen, daß die Französinnen eben so gutes Mobiliar haben wie wir es hatten.

Frau von Pompadour: Ah, ah! Gnädige Frau, Sie haben ja gar keine Strümpfe. Ihre Beine sind ganz nackt; aber wahrhaftig, sie sind ja mit einem ganz hübschen Band geschmückt, das aussieht wie ein Schnürstiefelchen.

Tullia: Wir kennen keine Strümpfe; das ist aber eine sehr angenehme und bequeme Erfindung, die ich unsern Stiefelchen vorziehe.

Frau von Pompadour: Gott verzeihe mir, gnädige Frau, ich glaube, Sie haben kein Hemd an.

Tullia: Nein, gnädige Frau, zu unserer Zeit trugen wir keine Hemden.

Frau von Pompadour: Aber in welcher Zeit lebten Sie denn, gnädige Frau?

Tullia: Zur Zeit Sullas, Pompejus', Cäsars, Catos, Catilinas, Ciceros, dessen Tochter zu sein ich die Ehre habe, jenes Cicero, dem einer Ihrer Günstlinge barbarische Verse in den Mund gelegt hat. Gestern bin ich ins Pariser Theater gegangen; man spielte da *Catilina* und alle Persönlichkeiten meiner Zeit; ich erkannte keinen einzigen wieder. Mein Vater ermahnte mich in diesem Stück, ich solle mich gegen Catalina recht entgegenkommend zeigen; das war mir sehr merkwürdig. – Aber, gnädige Frau, Sie scheinen da sehr schöne Spiegel zu haben; Sie haben eine ganze Menge in Ihrem Zimmer. Sie haben sechsmal mehr Spiegel als wir hatten. Sind sie von Stahl?

Frau von Pompadour: Nein, gnädige Frau; man macht Sie aus Sand. Das ist etwas ganz Gewöhnliches bei uns.

Tullia: Das ist eine schöne Kunst; die hatten wir nicht, das muß ich gestehen. Ah! was für ein schönes Gemälde haben Sie da?

Frau von Pompadour: Das ist kein Gemälde; das ist ein Stich; das macht man mit Kienruß; man kann an einem Tag hundert Abzüge davon machen; dieses Geheimnis verewigt die Gemälde, die ein Raub der Zeit werden.

Tullia: Das ist ein wunderbares Geheimnis; unsere Römer haben so etwas nie gehabt.

(Ein im Boudoir anwesender Gelehrter nahm nun das Wort, zog ein Buch aus seiner Tasche und sagte zu Tullia:)

Sie werden noch mehr staunen, gnädige Frau, wenn ich Ihnen sage, daß dieses Buch nicht von Hand geschrieben ist, daß es gedruckt ist ungefähr so wie diese Stiche, und daß diese Erfindung auch die Geisteswerke verewigt.

(Der Gelehrte überreicht Tullia sein Buch; es war ein Bändchen Gedichte für die Frau Marquise. Tullia las eine Seite, bewunderte die Schriftzeichen und sagte zum Verfasser)

Tullia: Mein Herr, der Buchdruck ist etwas sehr Schönes, und wenn er solche Verse verewigen kann, so scheint mir das der Gipfel der Kunst. Aber haben Sie diese Erfindung nicht auch dazu angewendet, die Werke meines Vaters zu drucken?

Der Gelehrte: Jawohl, gnädige Frau, aber man liest sie nicht mehr; das tut mir leid für Ihren Herrn Vater, aber heute kennen wir ihn fast nur noch dem Namen nach. (Nun brachte man Schokolade, Tee, Kaffee, Eis. Tullia sah mit Staunen im Sommer Stachelbeerengelee mit Sahne. Man erklärte ihr, daß dieses gefrorene Getränke in sechs Minuten mit Hilfe von Salpeter hergestellt worden sei und daß man dieses Verdichtete und Gefrorene durch Bewegung zustande gebracht habe. Sie war ganz verblüfft vor Verwunderung. Die schwarze Farbe der Schokolade und des Kaffees waren ihr etwas widerwärtig; sie fragte, wie man diese Flüssigkeiten aus den Gewächsen des Landes gezogen habe. Ein Herzog und Pair, der auch da war, antwortete ihr:)

Die Früchte, denen man diese Getränke entnommen hat, stammen aus einer anderen Welt; sie kommen vom inneren Arabien.

Tullia: Arabien, das kenne ich; aber ich habe nie etwas von Ihrem sogenannten Kaffee gehört; und was die andere Welt betrifft, so kenne ich nur die, aus der ich komme; und ich versichere Sie, in jener Welt gibt es keine Schokolade.

Der Herr Herzog: Die Welt, die ich meine, gnädige Frau, ist ein Festland, namens Amerika, fast so groß wie Asien, Europa und Afrika zusammen, und man kennt sie sehr viel genauer als die Welt, aus der *Sie* kommen.

Tullia: Wie? Wir, die wir uns die Herren des Weltalls nannten, wir hätten nur die Hälfte des Weltalls besessen? Das ist niederschlagend.

(Der Gelehrte, etwas verärgert darüber, daß Frau Tullia seine Verse schlecht gefunden hatte, fiel ihr plötzlich ins Wort:)

Eure Römer, die sich rühmten, die Herren des Weltalls zu sein, hatten nicht den zwanzigsten Teil davon erobert. Wir haben gegenwärtig hinten in Europa ein Reich, das für sich allein größer ist als das Römische Reich. Dazu wird es von einer Frau regiert, die mehr Geist hat als Sie, die schöner ist als Sie und die Hemden an hat. Wenn sie meine Verse lesen würde, bin ich sicher, sie würde sie sehr schön finden.

(Die Frau Marquise gebot dem Gelehrten Schweigen, der es an Respekt fehlen ließ gegen eine römische Dame, die Tochter Ciceros. Der Herr Herzog erklärte, wie man Amerika entdeckt hatte. An seiner Uhr, an der ein eleganter kleiner Kompaß hing, zeigte er ihr, wie man mit Hilfe einer Nadel schließlich in eine andere Halbkugel gelangt sei. Die Überraschung der Römerin wuchs bei jedem Wort, das sie hörte, und bei jedem Gegenstand, den sie sah. Schließlich rief sie)

Tullia: Ich fange an zu fürchten, daß die Neueren den Alten überlegen sind. Ich kam her, um darüber Klarheit zu erlangen, und ich merke, daß ich meinem Vater traurige Wahrheiten berichten muß.

(Der Herr Herzog antwortete ihr darauf folgendes:)

Trösten Sie sich, gnädige Frau; niemand unter uns reicht an Ihren erlauchten Vater hin, nicht einmal der Verfasser des Kirchenblatts oder der der christlichen Zeitschrift; niemand kommt Cäsar gleich, der Ihr Zeitgenosse war, oder Ihren Scipionen, seinen Vorgängern. Möglich, daß die Natur auch heute noch, wie ehedem, so erhabene Geister bildet; aber das sind dann edle Keime, die in unserem schlechten Boden nicht zur Reife gelangen. Nicht so ist es bei den Künsten und Wissenschaften, die Zeit und glückliche Zufälle haben sie entwickelt. Es ist uns jetzt zum Beispiel leichter, Männer wie Sophokles und Euripides zu haben als Persönlichkeiten, die Ihrem Vater gleichen, weil wir ein Theater haben, aber keine Rednertribünen. Sie haben die Tragödie Catilina ausgepfiffen;

wenn Sie Phädra sehen, werden Sie vielleicht zugeben, daß die Rolle Phädras bei Racine ihrem Ihnen bekannten Vorbild in Euripides ganz außerordentlich überlegen ist. Ich hoffe, Sie werden auch zugeben, daß Molière Ihrem Terenz überlegen ist. Wenn Sie mir gestatten, werde ich die Ehre haben, Sie zur Oper zu geleiten, und Sie werden erstaunt sein, mehrstimmigen Gesang zu hören. Das ist auch eine Kunst, die Ihnen unbekannt war.

Hier, gnädige Frau, sehen Sie ein kleines Fernglas. Haben Sie die Güte, einen Blick dadurch zu werfen, und sehen Sie sich dieses Haus an, das eine Meile weit entfernt ist.

Tullia: Bei den unsterblichen Göttern, dieses Haus steht ja dicht vor meinem Fernrohr und ist viel größer als es mir erschien.

Der Herr Herzog: Nun, gnädige Frau, mit diesem Spielzeug haben wir neue Himmel entdeckt, wie wir mit einer Nadel eine neue Halbkugel gefunden haben. Sehen Sie dieses andere lackierte Gerät, in dem eine kleine Glasröhre eingelassen ist? Mit diesem kleinen Ding sind wir zur genauen Messung des Gewichts der Luft gekommen. Kurz, nach vielen tastenden Versuchen ist ein Mann gekommen, der die innerste Springfeder der Natur entdeckt hat, die Ursache der Schwere, daß nämlich die Gestirne Anziehungskraft auf die Erde ausüben und die Erde auf die Gestirne. Er hat das Sonnenlicht ausgezupft, wie unsere Damen Goldstoff auszupfen.

Tullia: Was heißt denn das „auszupfen“ mein Herr?

Der Herr Herzog: Gnädige Frau, in den Reden Ciceros findet sich allerdings kein Ersatzwort dafür. Man fasert einen Stoff aus, man trennt ihn Faden um Faden auf und sondert das Gold aus; so hat es Newton mit den Sonnenstrahlen gemacht. Er hat die Gestirne bewältigt; und einem namens Locke ist dasselbe mit dem menschlichen Verstande gelungen.

Tullia: Sie wissen viel für einen Herzog und Pair; Sie scheinen mir gelehrter zu sein als der Gelehrte da, der möchte, daß ich seine Verse schön finde; und Sie sind viel höflicher als er.

Der Herr Herzog: Gnädige Frau, ich bin eben besser erzogen als er; aber meine wissenschaftliche Bildung ist nichts Besonderes; die jungen Leute, die die Schulen durchgemacht haben, sind hierin gebildeter als alle Philosophen des Altertums. Schade nur, daß wir in unserem Europa die schöne lateinische Sprache, die Ihr Vater so wunderbar handhabte, durch ein halbes Dutzend höchst unvollkommener Kauderwelschsprachen ersetzt haben; aber mit diesen groben Werkzeugen haben wir doch sehr gute Werke hervorgebracht, selbst auf ästhetischem Gebiet.

Tullia: Da müssen aber die Völker, die auf das Römische Reich gefolgt sind, in tiefem Frieden gelebt haben, und es muß eine ununterbrochene Folge großer Männer gegeben haben von meinem Vater bis zu Ihrer Zeit, daß man so viele neue Künste erfinden und zu so genauer Kenntnis des Himmels und der Erde gelangen konnte.

Der Herr Herzog: Durchaus nicht, gnädige Frau. Wir sind Barbaren, fast alle aus Scythenland stammend und kamen, um Ihr Reich zu zerstören mitsamt den Künsten und Wissenschaften. Wir haben sieben bis acht Jahrhunderte lang wie Wilde gelebt; und, was uns erst recht zu Barbaren machte, wir wurden von einer Menschengattung überflutet, die man Mönche heißt, die das von Ihnen unterworfene und aufgeklärte Menschengeschlecht in Europa verdummt haben. Wundern wird Sie, daß in den letzten Jahrhunderten dieser Barbarei die Natur gerade unter diesen Mönchen wertvolle Menschen erweckt hat. Die einen haben die Kunst erfunden, das durch das Alter geschwächte Augenlicht zu verbessern; die anderen haben Salpeter mit Kohle zusammengeknetet, und das hat uns zu Kriegswerkzeugen verholfen, mit denen wir Männer wie Scipio, Alexander und Cäsar, die mazedonische Phalanx und alle Ihre Legionen vernichtet hätten. Nicht als ob wir größere Feldherren wären als die Scipionen, als Alexander und Cäsar; aber wir haben eben bessere Waffen.

Tullia: Bei Ihnen sehe ich immer die Höflichkeit eines vornehmen Herrn mit der Bildung eines Staatsmanns vereinigt; Sie wären es wert gewesen, römischer Senator zu sein.

Der Herr Herzog: Ah, gnädige Frau, und Sie wären noch viel würdiger, eine Zierde unseres Hofes zu sein.

Frau von Pompadour: Die gnädige Frau wäre allzu gefährlich für mich.

Tullia: Schauen Sie nur in Ihre schönen Spiegel, die man mit Sand herstellt, und Sie werden merken, daß Sie nichts zu fürchten haben. Nun, mein Herr, Sie sagten auf die allerhöflichste Weise, daß Sie viel mehr wissen als wir.

Der Herr Herzog: Ich sagte, gnädige Frau, daß die letzten Jahrhunderte immer gebildeter sein müssen als die ersten, wofern nicht eine allgemeine Umwälzung eingetreten ist, die alle Denkmale des Altertums von Grund aus zerstört. Wir haben entsetzliche Umwälzungen erlebt, die aber vorübergingen; in diesen Stürmen war man so glücklich, die Werke Ihres Vaters und einiger anderer großen Männer sich zu erhalten. So ist das heilige Feuer nie ganz erloschen und hat schließlich ein Licht entzündet, das fast alle Welt erleuchtet. Wir pfeifen die barbarischen Scholastiker aus, die lange unter uns geherrscht haben, aber wir ehren Cicero und alle die Alten, bei denen wir denken lernten. Wenn wir andere naturwissenschaftliche Gesetze haben, als Sie zu Ihrer Zeit, so haben wir doch keine anderen Normen für die Beredtsamkeit. Und damit könnte man vielleicht den Streit zwischen den Alten und den Neueren zum Abschluß bringen.

(Die ganze Gesellschaft war der Meinung des Herrn Herzogs. Dann ging man in die Oper *Castor und Pollux.* Text und Musik gefielen Tullia sehr gut. Sie gab zu, ein solches Schauspiel sei etwas Besseres als ein Gladiatorenkampf.)

Über die Franzosen

Der französische Geist ist dahin; er will englischer und und deutscher Geist werden. Wir sind Affen, die auf ihre drolligen Luftsprünge verzichtet haben, um die Ochsen und die Bären schlecht nachzuahmen. Ihr glaubt solide zu sein und seid plump, plumpe Utopisten. Das steht euch nicht.

Ein Franzose, der nicht heiter ist, hat seinen Beruf verfehlt. Sie müssen sich daran gewöhnen, daß die Talente teuer geworden sind, der Geist gewöhnlich und das Genie rar, daß wir überschwemmt werden mit Büchern über den Krieg, um geschlagen zu werden, über die Finanzen, um keinen Sou zu haben, über die Bevölkerungsvermehrung, um keine Rekruten und keine Landwirte zu haben, über alle Künste, um in keiner etwas zu können.

Die Welschen werden noch lange Welsche bleiben. Im innersten Kern ist diese Nation toll und absurd; hätte sie nicht ein paar Dutzend große Männer, so wäre sie nach mir die letzte der Nationen.

Die Franzosen werden immer halb Tiger und halb Affen sein.

Die eine Hälfte Ihrer Nation besteht aus Äffchen, die tanzen, die andere aus reißenden Tigern.

Ästhetisches

Nichts ist leichter im Französischen als schlechte Verse zu machen, nichts schwerer als gute. Drei Gründe machen diese Schwierigkeit zu einer fast unüberwindlichen: der Zwang zum Reimen; die sehr kleine Zahl edler und glücklicher Reime; die Unmöglichkeit jener Umkehrungen der Wortstellung, deren es im Lateinischen und Griechischen eine solche Fülle gibt. Mit Ausnahme ganz weniger genialer Dichter haben fast alle sich an der Sprache versündigt, oder an jener geheimen Logik, die dem Gedankengang zugrunde liegen muß, ohne daß man es merkt. Manchmal läßt man sich im Theater von einer pomphaften, mit Schwung vorgetragenen Versreihe blenden. Das unkritische Publikum klatscht, der Geschmackvolle ist unbefriedigt. Aber wie soll der Mann von Geschmack den anderen beibringen, daß die beklatschten Verse nichtsnutzig sind? Ich denke etwa so: Entkleidet die Verse des Rhythmus und des Reims, ohne sonst etwas an ihnen zu ändern. Dann erscheint die Schwäche und die schlechte Logik des Gedankens, die verfehlte Wahl des Ausdrucks, der grobe Sprachfehler, der Schwulst in seiner ganzen Häßlichkeit. Man mache diese Probe an Versen von Racine oder Boileau, da findet man kein ungehöriges oder schlecht angebrachtes Wort, sondern stets einen glücklichen Ausdruck des Gedankens, wobei der Zwang des Reims den Sinn nicht im geringsten beeinträchtigt hat. – Aber nichts ist seltener bei unseren Dichtern, als daß sie französisch reden.

Die französische Sprache, mit ihren verfluchten Artikeln und Hilfszeitwörtern, eignet sich sehr wenig zum Lapidarstil. Um einen guten oder schlechten Gedanken auszudrücken, brauchen wir zwei oder vier Verszeilen. Daher der lächerliche Eindruck unserer Inschriften. *Ein* lateinischer Vers sagt mehr als vier französische.

Ob man Gott ganz selbstlos lieben kann? Ja, wenn Frau Guyon, die Geschichte von der guten Alten gekannt hätte, die ein Kohlenbecken hereinbrachte, um das Paradies zu verbrennen, und einen Krug mit Wasser, um die Hölle auszulöschen, dann hätte sie wohl nicht so viel geschrieben. Aber sie liebte Gott *und* den Galimathias so von Herzen, daß sie durch ihre zärtliche Liebe viermal ins Gefängnis kam; was eine harte und ungerechte Behandlung war. Geht man von der Theologie zur Philosophie über, deren Dornen weniger lang und stechend sind, so scheint es klar, daß man etwas lieben kann ganz ohne selbstsüchtige Nebenabsichten. Wir sehen ein Meisterwerk der Malerei, der Bildhauerkunst, der Dichtung; wir hören eine Ohren und Seelen entzückende Musik; wir bewundern und lieben, ohne daß uns der geringste Vorteil daraus zufließt; es ist ein ganz reines Gefühl. Manchmal fühlen wir Verehrung, Hingebung für den Künstler; wir könnten ihn küssen, wenn er da wäre. Daran können wir unsere tiefe Bewunderung des ewigen Baumeisters der Welt, den Aufschwung unseres Herzens zu ihm klar machen. Wir sehen das Werk mit einem Staunen, in das Verehrung und das Gefühl unserer Nichtigkeit eingeht; und unser Herz erhebt sich zum Schöpfer des Werks. Was ist dieses Gefühl? Es ist nicht in Begriffe zu fassen, es ist eine Ergriffenheit, die mit unseren gewöhnlichen Gefühlsregungen nichts zu tun hat. Eine empfindsame, eine feinere Seele kann vom Schauspiel der Natur so hingerissen werden, daß sie sich zum ewigen Meister, der sie gebildet hat, hinaufsehnt.

Über Shakespeare: Ich habe gesagt, alle Gattungen seien gut, außer der langweiligen Gattung. Aber die Roheit ist keine Gattung.

Die Rolle Fulvias muß man noch ein bißchen überarbeiten. Sagen Sie mir, wo noch etwas schlecht ist; wo etwas gut ist, sagen Sie es auch. Ich bin gar nicht eigensinnig, gar nicht „verliebt in meine Bildsäule". Wenn ich nicht feile, so ist mir eben nichts gekommen. Am guten Willen fehlt es nicht, nur an der Phantasie. Man hat die Gedanken nicht immer auf Kommando; es ist eine Sache der Gnade; sie kommt, wenn es ihr gefällt; sie ist wie die Liebe, sehr eigenwillig.

Herr von Thibouville ruft immer: Her mit dem fünften Akt! Weiß Gott, ich habe anderes zu tun. Man muß warten, bis die Eingebung kommt. Wehe dem, der dichtet, wenn er dichten *will*. Wer nicht Verse macht ohne und wider seinen Willen, macht schlechte Verse.

Wenn Sie mir ab und zu das Neueste berichten wollten von der Literatur oder vom öffentlichen Leben, so machen Sie mir eine große Freude; aber tun Sie sich ja keinen Zwang an! Man soll keine Verse machen und keine Prosa schreiben, nicht einmal ein Billettchen, wenn man sich nicht in Stimmung fühlt. Lust und Liebe müssen unsere Führer sein in allen Dingen. Wehe dem, der schreibt, weil er meint, er müsse schreiben.

Nichts kennzeichnet einen guten Kopf besser, als die Fähigkeit, sich klar auszudrücken. Verworren ist der Ausdruck nur, wenn der Gedanke es ist.

Sie schreiben mir von der Ausgabe unseres Freundes Cramer. Wenn ich an all den Wust denke, den ich zusammengeschrieben habe, so wird es mir angst und bang und ich möchte mich gerne dahinter verstecken. Der Freund Gabriel hat mich nicht gefragt, als er all das dumme Zeug zusammentrug, um daraus eine fürchterliche Reihe von Quartbänden zu bilden. Ich habe ihm immer gesagt, mit so schwerem Gepäck gehe man nicht in die Nachwelt ein. Es gibt so viel Verse und Prosa auf der Welt, daß man sie satt hat. An ein paar Seiten Versen kann man seinen Spaß haben. Aber Benediktiner-Quartbände flößen Schrecken ein.

Individualismus und Sozialismus

Eine Polemik gegen Rousseau

Alle Menschenrassen haben immer in Gesellschaft gelebt. Alle Menschen, die man je entdeckt hat, auch in den ödesten Ländern, leben in Gesellschaft wie die Biber, die Ameisen, die Bienen und andere Tierarten.

Nie hat man ein Land gesehen, in dem sie einzeln gelebt hätten, in dem nur der Zufall Mann und Weib einander zugeführt hätte, und in dem der Überdruß den Mann vom Weib sofort wieder getrennt hätte, in dem die Mutter die von ihr aufgezogenen Kinder vergessen hätte, in dem man ohne Familie, ohne Gesellschaft lebte. Einige sonderbare Käuze haben ihren Geist soweit mißbraucht, daß sie sich die widersinnige Behauptung leisteten, der Mensch sei von Hause aus dazu bestimmt, allein zu leben wie ein Luchs; durch die Gesellschaft sei die Natur verdorben worden. Genau so gut könnte man sagen, die Heringe im Meer schwimmen von Hause aus vereinzelt umher, und nur infolge außerordentlicher Sittenverderbnis kommen sie jetzt schwarmweise vom Eismeer an unsere Küsten; ehemals seien die Kraniche jeder für sich in der Luft geflogen und nur infolge einer Versündigung gegen das Naturrecht seien sie dazu gekommen, in Gesellschaft zu reisen.

Jedes Tier hat seinen Instinkt; der Instinkt des Menschen, den die Vernunft noch unterstützt, drängt ihn zur Gesellschaft, wie er ihn zum Essen und Trinken drängt. Nicht das gesellige Bedürfnis bringt den Menschen herunter; er kommt herunter, wenn er sich von der Gesellschaft zurückzieht. Wer nur für sich allein leben wollte, würde bald die Fähigkeit verlieren zu denken und seine Gedanken auszusprechen; er wäre sich selbst zur Last; er würde sich wieder in ein Tier verwandeln; das wäre sein Aufstieg! Ein maßloser, ohnmächtiger Hochmut, der dem Hochmut der anderen trotzt, kann eine schwermütig angelegte Seele dazu bringen, die Menschen zu fliehen. Dann ist sie heruntergekommen; sie hat ihre eigene Strafe an sich vollzogen; ihr Hochmut ist ihre Qual; in ihrer Einsamkeit frißt sie ihren geheimen Ärger in sich hinein, weil sie verachtet und vergessen ist; sie hat sich in die fürchterlichste Sklaverei begeben, um frei zu sein.

In Überschreitung der gewöhnlichen Grenzen der Verrücktheit hat man sich zu dem Satz verstiegen: „Es ist nicht natürlich, daß der Mann sich mit einem Weib befaßt während ihrer neun Schwangerschaftsmonate. Ist die Begierde gestillt," sagt der geistreich sein wollende Verfasser, „so braucht der Mann nicht mehr das und das Weib, und das Weib nicht mehr den und den Mann; der Mann kümmert sich nicht um die Folgen seines Tuns und hat keine Ahnung davon. Eins geht dahin, das andere dorthin; es ist höchst unwahrscheinlich, daß sie nach neun Monaten sich an ihre Bekanntschaft noch erinnern. Warum soll er sie also nach der Niederkunft unterstützen? Warum soll er ihr helfen, ein Kind aufzuziehen, von dem er nicht einmal weiß, daß es ihm gehört?"

Das ist scheußlich; aber glücklicherweise ist es auch das Gegenteil der Wahrheit. Wenn diese barbarische Gleichgültigkeit der wahre Naturinstinkt wäre, so müßte die menschliche Gattung es doch wohl immer so getrieben haben. Der Instinkt ist nicht wandelbar, sehr selten wird er sich selbst untreu. Der Vater hätte die Mutter immer sitzen lassen; die Mutter hätte ihr Kind sitzen lassen; es gäbe sehr viel weniger Menschen auf Erden als Raubtiere; denn die wilden Tiere, die besser ausgestattet und bewaffnet sind, haben einen sichereren Instinkt und besser gesicherte Nahrung als die menschliche Gattung.

Unsere Natur ist ganz anders, als der abscheuliche Roman dieses Tollkopfs sie hinstellt. Mit Ausnahme einiger ganz verwilderter barbarischer Seelen, mit Ausnahme vielleicht eines noch mehr verwilderten Philosophen lieben die hartherzigsten Menschen infolge eines mächtigen Triebs das Kind, das noch nicht geboren ist, den Mutterleib, der es trägt, und die Mutter, deren Liebe zum Manne sich verdoppelt, wenn sie von ihm den Keim zu einem ihr ähnlichen Wesen in ihrem Schoß empfangen hat.

Der Instinkt der Köhler des Schwarzwalds spricht ebenso laut zu ihnen und treibt sie ebenso stark zugunsten ihrer Kinder an, wie der Instinkt die

Tauben und Nachtigallen antreibt, ihre Jungen zu füttern. Der große Fehler dieser ganzen geistreich sein wollenden Schriftstellerei besteht in der Entstellung des wahren Bildes der Natur. Wären Boileaus Satiren auf Mann und Weib nicht bloße Scherze, man müßte ihnen als ihren Grundfehler vorwerfen, daß sie alle Männer als Narren und alle Weiber als frech-kokett hinstellen.

Derselbe antisoziale Schriftsteller, der dem Lafontaineschen Fuchs ohne Schwanz gleicht, der möchte, daß sich alle seine Genossen auch den Schwanz abschneiden, drückt sich in seinem hochmütigen Schulmeisterstil folgendermaßen aus:

„Der erste, der ein Stück Landes einzäunte, der sich einfallen ließ zu sagen, „das gehört mir", und der Leute fand, die einfältig genug waren, es ihm zu glauben, war der eigentliche Stifter der bürgerlichen Gesellschaft. Wie viel Verbrechen, Kriege und Mordtaten, wie viel Elend und Greuel hätte nicht derjenige dem Menschengeschlecht erspart, der die Pfähle herausgerissen, den Graben wieder eingeebnet und seinen Nebenmenschen zugerufen hätte: „Hütet euch wohl, diesem Betrüger zu glauben! Ihr seid verloren, wenn ihr vergeßt, daß die Früchte allen gehören und die Erde Niemandes Eigentum ist."

Also wäre nach diesem schönen Philosophen ein Dieb und ein Zerstörer der Wohltäter des Menschengeschlechts; und den braven Mann hätte man strafen müssen, der zu seinen Kindern gesagt hätte: „Ahmen wir unseren Nachbar nach; er hat sein Feld eingezäunt; die Tiere verwüsten es nun nicht mehr; sein Landstück wird fruchtbarer; bearbeiten wir das unsere, wie er das seinige bearbeitet hat; er wird uns helfen, wir werden ihm helfen; wenn jede Familie ihr Landstück bebaut, so werden wir alle besser ernährt sein, gesünder, friedlicher, weniger elend. Wir werden versuchen, eine gerechte Rechtsprechung einzurichten, die unserem armen Geschlecht eine Hilfe und ein Trost sein wird. Dann werden wir etwas Besseres als die Füchse und Marder, zu deren Ebenbild dieser Tollkopf uns machen möchte." Wäre eine solche Rede nicht vernünftiger und anständiger als die Rede des wilden Narren, der den Garten des braven Mannes verwüsten wollte?

Was ist das also für eine Philosophie, die der gesunde Menschenverstand ablehnt, vom innersten China an bis nach Kanada? Ist es nicht die eines Bettlers, der alle Reichen von den Armen ausrauben lassen möchte, um so die brüderliche Einigkeit unter den Menschen aufzurichten? Ja freilich, wenn alle Hecken, alle Wälder und Felder mit nahrhaften, köstlichen Früchten bedeckt wären, dann wäre es unmöglich, ungerecht und lächerlich, sie einzuhegen.

Wenn es irgendwo Inseln gibt, die die Natur mit allem zur Nahrung und Notdurft Gehörigen verschwenderisch ausgestattet hätte, dann laßt uns dort leben frei vom Wust unserer Gesetze. Aber sobald sie einmal von uns bevölkert sind, wird man auch aufs Mein und Dein zurückgreifen müssen und auf jene Gesetze, die sehr oft recht schlecht sind, ohne die man aber nun einmal nicht auskommen kann.

Brief Voltaires an Rousseau

(der ihm sein Werk über den Naturzustand zugesandt hatte).

30. August 1755.

Mein Herr, ich habe Ihr neues Buch gegen das Menschengeschlecht erhalten; ich danke Ihnen dafür. Sie werden den Menschen gefallen, denen Sie die Leviten lesen, aber Sie werden sie nicht bekehren. Man kann nicht greller die Abscheulichkeiten der menschlichen Gesellschaft beleuchten, von der wir in unserer Schwachheit und Einfalt uns so viel Trost versprechen. Noch niemand hat soviel Geist leuchten lassen wie Sie in dem Bestreben, uns wieder zu Bestien zu machen, und man bekommt ordentlich Lust, auf allen Vieren zu gehen, wenn man Ihr Werk liest. Da es indessen mehr als sechzig Jahre her ist, daß ich diese Gewohnheit abgelegt habe, so fühle ich zu meinem Schmerz, daß es mir unmöglich ist, sie wieder aufzunehmen, und ich überlasse diese natürliche Gangart den Leuten, die ihrer würdiger sind als Sie und ich. Auch kann ich mich nicht zu den Wilden nach Kanada einschiffen; erstens, weil meine Krankheiten, unter denen ich zusammenbreche, mich hier bei meinem Arzt, dem größten Europas, zurückhalten – die Missouri-Indianer würden mir diesen ärztlichen Beistand nicht wohl leisten können; zweitens wütet der Krieg ja in jener Gegend, und wir haben mit unserem Kulturvorbild die Wilden fast schon so böse gemacht wie wir selbst es sind. So muß ich mich darauf beschränken als friedlicher Wilder in der Einsamkeit zu leben, die ich mir erkoren habe in der Nähe Ihrer Vaterstadt, in der Sie auch sein sollten.

Ich gebe Ihnen zu, daß Künste und Wissenschaften manchmal viel Unheil gestiftet haben. Aus Tassos Leben machten seine Feinde eine Kette von Leiden. Galileis Feinde ließen den Siebzigjährigen im Kerker schmachten, weil er erkannt hatte, daß die Erde sich bewege; und – schmählich genug – sie zwangen ihn zum Widerruf. Sobald Ihre Freunde das enzyklopädische Wörterbuch begonnen hatten, wurden sie von ihren Nebenbuhlern als Deisten, Atheisten, ja sogar als Jansenisten behandelt. Wenn ich mich unter die einreihen darf, die für ihre Arbeiten nur Verfolgung zum Lohne erhalten haben, so könnte ich Ihnen zeigen, wie man darauf erpicht war, mich zugrunde zu richten von dem Tag an, da ich die Tragödie *Oedipus* herausgab. Aber was hätte ich aus allen den Quälereien zu schließen? Daß ich mich nicht beklagen darf, daß Pope, Descartes, Bayle, Camões und hundert andere ebenso viel, ja noch mehr Unrecht zu leiden hatten, daß fast allen Liebhabern der schönen Wissenschaften dieses Los blüht.

Aber gestehen Sie, mein Herr, das sind geringe Übel, die die Gesellschaft kaum bemerkt. Was macht es der Menschheit aus, wenn einige Hornissen den Honig einiger Bienen plündern. Die Literaten machen großes Wesen aus diesen kleinen Zänkereien: die übrigen Leute nehmen keine Notiz davon oder lachen darüber.

Von allen Bitternissen des menschlichen Lebens braucht man diese am wenigsten tragisch zu nehmen. Sie sind rein nichts anderen Übeln gegenüber. Gestehen Sie, daß weder Cicero noch Varus, noch Lukrez, noch Virgil, noch Horaz den geringsten Anteil an den Ächtungen hatten, Marius war ein ungebildeter Mensch, der barbarische Sulla, der wüste Schwelger Antonius, der dumme Lepidus lasen wenig im Plato und im Sophokles; und was den feigen Tyrannen Oktavius Zwiebelkopf betrifft, den man so niederträchtig Augustus nennt, so war er ein abscheulicher Mörder nur zu der Zeit, da er keinen Umgang mit Schriftstellern und Künstlern hatte. Petrarka und Boccacio sind nicht schuld an den italienischen Wirren; die Tändeleien Marots haben keinen Teil an der Pariser Bluthochzeit; Corneilles Cid hat den Bürgerkrieg der Fronde nicht angefacht. Die großen Verbrechen sind fast immer nur von berühmten Nichtskennern verübt worden. Was aus dieser Welt ein Jammertal gemacht hat und machen wird, ist die unersättliche Gier und der unzähmbare Hochmut, von Thamos-Kouli-kan an, der nicht lesen konnte, bis zum letzten Zollschreiber, der nichts kann als mit seiner Feder rechnen. Die schönen Wissenschaften sind die Nahrung, die Arznei und der Trost der Seelen. Auch Ihnen, mein Herr, leisten sie ihre Dienste, sogar noch in Ihrer Polemik gegen sie. Sie sind wie Achilles, der auf den Ruhm schilt, oder wie der Pater Malebranche, dessen glänzende Phantasie gegen die Phantasie geschrieben hat.

Wenn jemand etwas sagen dürfte gegen die schönen Wissenschaften, so wäre ich es, der ich um ihretwillen so viel verfolgt worden bin. Aber man soll sie lieben, dem Mißbrauch zum Trotz, der mit ihnen getrieben wird, wie man die Gesellschaft lieben soll, deren Annehmlichkeiten einem von so vielen boshaften Menschen verbittert werden; wie man sein Vaterland lieben soll und wenn man noch so viel Unrecht darin leiden muß; wie man dem höchsten Wesen seine Liebe und seinen Dienst weihen soll, wenngleich der Gottesdienst vom Aberglauben und vom Fanatismus so oft befleckt wird.

Von Herrn Chappuis höre ich, daß es mit Ihrer Gesundheit nicht zum Besten steht. Sie sollten kommen, um sich in der heimischen Luft zu stärken; Sie sollten mit mir die Freiheit genießen, die Milch unserer Kühe trinken und das Gras unserer Wiesen abweiden.

Mit philosophischem Gruß in Hochachtung und Liebe Ihr

Voltaire.

Wider den Krieg

Alle Tiere leben in beständigem Krieg. Jede Gattung ist dazu da, eine andere zu verschlingen. Sogar noch die Schafe und die Tauben verschlingen eine Unmenge kleinster Tierchen. Die Männchen jeder Gattung bekämpfen sich wegen der Weibchen wie Menelaos und Paris. Luft, Erde und Wasser sind Gefilde der Zerstörung. Da aber Gott den Menschen die Vernunft verliehen hat, so scheint diese Vernunft eine Mahnung für die Menschen zu sein, nicht auf die Stufe der Tiere herabzusteigen, besonders da die Natur ihnen keine Waffe gegeben hat, ihre Mitmenschen umzubringen und auch keinen Instinkt, der sie dazu treibt, ihnen das Blut auszusaugen.

Und doch ist der mörderische Krieg ein solch fürchterliches Erbgut der Menschheit, daß es mit zwei oder drei Ausnahmen kein Volk gibt, dessen alte Geschichte keine Kriegsgeschichte wäre. In der Gegend von Kanada sind die Worte Mensch und Krieger gleichbedeutend, und wir haben gesehen, daß auf unserer Halbkugel Räuber und Soldat dasselbe waren. Manichäer, das ist eure Entschuldigung!

Auch ein Erzschranze wird ohne weiteres zugeben, daß der Krieg immer Pest und Hungersnot im Gefolge hat, wenn er nur einen Blick in die Lazarette in Deutschland geworfen hat oder in eines der Dörfer, in dem Kriegsheldentaten vollbracht worden sind.

Gewiß ist das eine recht schöne Kunst, die die Felder verwüstet, Wohnstätten zerstört und im Jahresdurchschnitt vierzigtausend Menschen von hunderttausend ums Leben bringt. Diese Erfindung wurde zuerst von Völkern gefördert, die sich zum Zweck des gemeinsamen Wohls zusammenschlossen. So erklärte zum Beispiel der Reichstag der Griechen dem Reichstag von Phrygien und seiner Nachbarschaft, sie wollen auf tausend Fischerbooten sich aufmachen, um sie womöglich auszurotten. Das versammelte römische Volk gab kund, es liege in seinem Interesse, sich noch vor der Ernte gegen das Volk von Veji oder gegen die Volsker zu schlagen. Und einige Jahre darauf schlugen sich alle Römer, da sie sehr zornig gegen die Karthager waren, lange Jahre zu Wasser und zu Land. Heute ist es etwas anders.

Ein Stammbaumforscher beweist einem Fürsten, daß er in gerader Linie von einem Grafen abstamme, dessen Verwandte vor drei- bis vierhundert Jahren einen Familienvertrag mit einem Haus abgeschlossen hatten, dessen Andenken erloschen ist. Dieses Haus hatte entfernte Ansprüche auf eine Provinz, deren letzter Besitzer am Schlagfluß gestorben ist. Der Fürst und sein Geheimer Rat sehen ein, daß ihr Recht unbestreitbar ist. Die Provinz, die ein paar hundert Meilen weit entfernt liegt, beteuert vergebens, sie kenne ihn ja gar nicht, sie habe gar keine Lust, von ihm regiert zu werden; man müsse doch, wenn man den Leuten Gesetze geben wolle, zum mindesten ihre Einwilligung haben. Was sie da vorbringen, dringt nicht einmal zu den Ohren des Fürsten, dessen Recht unbestreitbar ist. Er findet auf der Stelle eine Menge Leute, die nichts zu verlieren haben; er steckt sie in grobes blaues Tuch (110 Sou die Elle), versieht ihre Hüte mit einem Saum aus weißem Zwirn, läßt sie rechts- und links-um machen und macht sich froh auf den Weg zum Ruhm. Die andern Fürsten, die von diesem Streich hören, wollen auch ihr Teil daran haben, jeder nach seinen Kräften, und überschwemmen einen kleinen Landstrich mit mehr gemieteten Mördern als Dschingiskan, Tamerlan und Bajazet hinter sich her schleppten. Ferne Völker hören, man werde sich schlagen und es gäbe fünf bis sechs Sou im Tag für sie zu verdienen, wenn sie mit von der Partie sein wollen; sofort teilen sie sich in zwei Banden wie die Schnitter und verkaufen ihre Dienste jedem, der sie haben will. Diese Massen gellen nun wild aufeinander los ohne irgendwelches Interesse an dem Rechtsstreit, ja ohne auch nur zu wissen, um was es sich handelt.

Nun sieht man zu gleicher Zeit fünf bis sechs kriegführende Mächte, bald drei gegen drei, bald zwei gegen vier, bald eine gegen fünf, die sich alle gleichermaßen verabscheuen und sich abwechselnd verbünden oder befehden; aber alle einig in dem einen Punkt, so viel als möglich Unheil zu stiften.

Und das Wunderbare an dieser höllischen Geschichte ist, daß jedes Mörderoberhaupt seine Fahnen einsegnen läßt und Gott feierlich anruft, ehe er hingeht und seinen Nächsten vertilgt. Hat ein solcher Häuptling bloß das Glück gehabt, zwei- bis dreitausend Menschen zu erwürgen, so schenkt er sich den Dank gegen Gott; aber wenn ungefähr zehntausend mit Feuer und Schwert ausgerottet wurden und wenn man gar begnadet wurde, eine Stadt von Grund aus zerstören zu dürfen, dann singt man ein ziemlich langes vierstimmiges Lied, das in einer Sprache komponiert wurde, die allen Mitkämpfern unbekannt ist, und das außerdem mit barbarischen Wendungen ganz gespickt ist; dasselbe Lied dient nicht bloß bei den Mordtaten, sondern auch bei Hochzeiten und Taufen; ein Umstand, der unverzeihlich ist besonders bei einem Volk, das gerade durch neue Lieder glänzen will.

Die natürliche Religion hat die Bürger tausendfach an der Begehung von Verbrechen gehindert. Ein wohlbeschaffenes Herz hat gar nicht den Willen dazu, eine zarte Seele schaudert davor zurück; sie stellt sich einen gerechten, rächenden Gott vor. Aber die künstliche Religion ermutigt zu allen Grausamkeiten, die man in Gesellschaft begeht, zu Verschwörungen, Aufständen, Räubereien, Überfällen, Plündereien, Mordtaten. Jeder zieht unter dem Banner seines Heiligen fröhlich zum Verbrechen aus.

Besonders besoldet man eine gewisse Zahl von öffentlichen Sprechern, um die mörderischen Tage zu feiern. Die einen haben einen langen, schwarzen Rock und darüber ein kurzes Mäntelchen an; die andern haben ein Hemd über einem Talar; wieder einige tragen zwei gleiche Gehänge aus buntem Stoff über ihrem Hemd. Alle sprechen sie lange; und sie zitieren, aus Anlaß einer Schlacht in der Wetterau, Dinge, die ehemals in Palästina passiert sind.

Das übrige Jahr hindurch donnern diese Leute gegen die Laster. Sie beweisen in dreiteiliger Rede und in Antithesen, daß die Damen, die ganz leicht ein bißchen Karmin auf ihre frischen Wangen legen, das ewige Ziel der ewigen Rache des Ewigen sind, daß *Polyeucte* und *Athalie* Teufelswerke sind, daß ein Mann, der an einem Fasttag für zweihundert Taler Seefische auf seiner Tafel auftragen läßt, unfehlbar in den Himmel kommt, während ein armer Mensch, der für zweieinhalb Sou Hammelfleisch ißt, auf immer zu allen Teufeln fährt.

Von fünf- bis sechstausend Deklamationen dieser Art gibt es höchstens drei bis vier, die ein gewisser Gallier namens Massillon, verfaßt hat, die ein gebildeter Mann ohne Ekel lesen kann; aber in allen diesen Reden findet man höchstens zwei, in denen der Redner ein paar Worte gegen diese Geißel und dieses Verbrechen des Kriegs zu sagen wagt, der doch alle Geißeln und Verbrechen in sich faßt. Diese elenden Schwätzer sprechen unaufhörlich gegen die Liebe, die der einzige Trost des Menschengeschlechts ist und die einzige Methode, seine Verluste gutzumachen; sie sagen nichts gegen unsere heillosen Bemühungen es zu vernichten.

Sie haben eine sehr schlechte Predigt über die Unkeuschheit gehalten, o Bourdaloue, aber keine über diese Musterkarte von Morden, von Erpressungen, von Plünderungen, über diese allgemeine Raserei, die die Welt verzehrt. Alle Laster aller Zeitalter und Zonen zusammen kommen dem Unheil eines einzigen Feldzugs nicht gleich. Ihr elenden Seelenärzte, ihr schreit fünf Viertelstunden lang über einige Nadelstiche und sagt nichts über die Krankheit, die uns in tausend Stücke zerreißt! Ihr moralischen Philosophen, verbrennt alle eure Bücher! Solange die Laune einiger Menschen Tausende unserer Brüder in aller Form Rechtens erwürgen darf, wird der Teil des Menschengeschlechts, der dem Heldentum sich weiht, das Allerentsetzlichste in der ganzen Natur sein.

Was für einen Wert hat für mich Menschlichkeit, Wohltätigkeit, Mäßigung, Sanftmut, Weisheit, Frömmigkeit, wenn doch ein halb Pfund Blei, das auf sechshundert Schritt Entfernung abgefeuert wird, mir den Körper zerschmettert, so daß ich mit zwanzig Jahren in unaussprechlichen Qualen mitten unter fünf- bis sechstausend Sterbenden sterben muß, während meine Augen bei ihrem letzten Blick meine Geburtsstadt durch Feuer und Schwert zerstört sehen und während die letzten Töne, die, an mein Ohr dringen, die Schreie von Weibern und Kindern sind, die unter Trümmern ihr Leben aushauchen – und alles das für die angeblichen Interessen eines Menschen, den wir nicht kennen.

Was aber das Schlimmste ist: der Krieg ist eine Geißel, der man nicht entgehen kann. Genau genommen haben alle Menschen den Gott Mars verehrt; Zebaoth bei den Juden bedeutet Gott der Heerscharen; aber bei Homer nennt Minerva den Mars einen wütenden, unsinnigen, höllischen Gott.

Der berühmte Montesquieu, der ja für menschenfreundlich galt, hat doch den Ausspruch getan, es sei gerecht, Feuer und Schwert zu seinen Nachbarn zu tragen, damit sie nicht allzu gute Geschäfte machen. Wenn das der „Geist der Gesetze“ ist, so ist es auch der Geist der Borgia und der Machiavelli. Hätte er leidigerweise recht, so müßte man gegen diese Wahrheit schreiben, und wenn sie noch so gut mit Tatsachen belegt werden könnte. Montesquieu drückt sich so aus:

„Im Leben der Gemeinschaften bringt das Recht der natürlichen Verteidigung manchmal die Notwendigkeit mit sich, anzugreifen, wenn ein Volk sieht, daß ein längerer Friede ein anderes in den Stand setzte, es zu vernichten, und wenn der Angriff in diesem Augenblick das einzige Mittel ist, dieser Vernichtung zuvorzukommen.“

Wie kann der Angriff mitten im Frieden das einzige Mittel sein, dieser Vernichtung zuvorzukommen? Da müßt ihr doch dessen sehr sicher sein, daß dieser Nachbar euch vernichten will, wenn er mächtig wird. Und sicher seid ihr erst, wenn er schon Vorbereitungen zu eurem Untergang getroffen hat. In diesem Fall beginnt aber er den Krieg, nicht ihr. Ihre Voraussetzung ist also falsch und widerspruchsvoll.

Wenn es je einen offensichtlich ungerechten Krieg gab, so ist es der von Ihnen vorgeschlagene. Das heißt doch nur: euren Nächsten umbringen, damit euer Nächster, der euch nicht angriff, nicht imstande sei, euch anzugreifen; das will sagen: Ihr riskiert den Ruin des Landes in der Hoffnung, das Land eines anderen grundlos zu ruinieren. Das ist sicherlich weder anständig noch nützlich; denn man ist des Erfolgs nie sicher, wie Ihr wohl wißt.

Wenn euer Nachbar während des Friedens zu mächtig wird, wer hindert euch, euch eben so mächtig zu machen; wenn er Bündnisse schließt,

schließt Bündnisse eurerseits. Wenn er weniger Mönche hat und mehr Gewerbetreibende und mehr Soldaten, ahmt ihn nach in dieser weisen Staatswirtschaft. Wenn er seine Matrosen besser einexerziert, exerziert die euren auch ein; alles das ist ganz recht. Aber euer Volk dem fürchterlichsten Elend aussetzen, in dem so oft trügenden Gedanken, euren teuren Bruder den durchlauchtigsten Nachbarfürsten zu Boden zu werfen! Wahrlich, euch einen solchen Rat zu geben, war nicht die Sache des Ehrenpräsidenten einer friedlichen Körperschaft.

Was ist das Vaterland?

Die Juden, die Armenier, die Gebern, die Banianen haben kein Vaterland; die Mörder, die ihr Blut und ihre Dienste dem ersten König verkaufen, der sie bezahlen will, haben kein Vaterland. Sollten die Mönche eines haben? Es ist ja, wie sie selbst sagen, im Himmel; sei's drum; dann haben sie eben keines in dieser Welt. Was ist also das Vaterland? Sollte es nicht am Ende ein gutes Feld sein, dessen Besitzer, im wohl bestellten Haus behaglich untergebracht, sagen könnte: dieses Feld, das ich bebaue, dieses Haus, das ich errichtet habe, gehören mir; ich lebe unter dem Schutz von Gesetzen, die kein Tyrann antasten darf. Wenn die, die gleich mir Felder und Häuser besitzen, sich versammeln, um ihre gemeinsamen Interessen zu beraten, so habe ich meine Stimme in der Versammlung. Ich bin ein Teil des Ganzen, ein Teil der Gemeinschaft, ein Teil der oberherrlichen Gewalt, das ist mein Vaterland. Gleicht nicht alles, was nicht so einen Zusammenschluß von Menschen bildet, manchmal einem reinen Pferdestall, in dem der Stallknecht den Pferden nach Willkür seine Peitschenhiebe austeilt? Man hat ein Vaterland unter einem guten König; man hat keins unter einem schlechten.

Ein junger Pastetenbäcker, der das Gymnasium besucht hatte und noch einige Phrasen aus seinem Ciecro kannte, spielte sich eines Tages als Patriot auf. Was verstehst da unter deinem Vaterland? fragte ihn sein Nachbar. Ist es dein Backofen? Ist es das Dorf, in dem du geboren bist und das du nie wieder gesehen hast? Ist es die Straße, in der deine Eltern wohnten, die verkommen sind und dir das Los bereitet haben, daß du Pastetchen in den Ofen einschießen mußt, um dein Leben zu fristen, ist es das Rathaus, in dem du nie auch nur der Schreiber eines Viertelmeisters wirst? Ist es die Kirche Notre Dame, in der du nicht einmal Chorknabe werden konntest, während ein dummer Mensch darin Erzbischof und Herzog ist mit 20.000 Louisdor Renten? Der Bäckerjunge wußte keine Antwort. Ein Denker, der dabei zuhörte, zog den Schluß, daß in einem Vaterland von einigem Umfang immer mehrere Millionen Menschen kein Vaterland haben.

Volk und Pöbel

Fürchten Sie nicht, daß das niedere Volk je Grotius und Pufendorf liest! es langweilt sich nicht gerne. Aber unterscheiden wir in dem, was Sie Volk heißen, die Berufe, die eine ordentliche Bildung erfordern und diejenigen, die bloß die Muskeln tüchtig in Anspruch nehmen. Diese letztere Klasse ist die zahlreichste. Ihre Erholung und ihr Vergnügen ist, zum Hochamt und ins Wirtshaus zu gehen, weil man da singt, und weil sie selbst singen. Aber die gehobenen Handwerker, die schon ihres Berufs wegen nachdenken, und ihren Geist und Geschmack bilden müssen, sie beginnen in ganz Europa zu lesen. Sie kennen die Schweizer nur als Pförtner der höheren Herren in Paris oder aus Molières Possen. Was würden die Pariser für Augen machen, wenn sie sehen würden, wie in vielen Schweizerstädten und besonders in Genf die Arbeiter in den Fabriken ihre Freizeit mit Lesen verbringen! Nein, mein Herr, es ist nicht alles verloren, wenn man das Volk in den Stand setzt zu merken, daß es einen Geist hat. Aber alles ist verloren, wenn man es wie eine Herde von Stieren behandelt; früher oder später werden sie mit den Hörnern stoßen. Glauben Sie, das Volk der Rosenkriege und des Revolutionskriegs in England, das Volk in der Zeit der Armagnacs und der Liga habe gelesen und studiert? Nein, das ungebildete, wilde, rohe Volk folgte einigen fanatischen Theologiedoktoren, die schrien: Bringt alles um im Namen Gottes! Ich gehe eine Wette ein: heute könnte Cromwell England nicht mehr über den Haufen werfen mit seinen Galimathias; Johann von Leyden

J könnte sich nicht mehr zum König von Münster aufwerfen, der Kardinal von Retz keine Barrikaden mehr bauen in Paris. Nein, mein Herr, Ihnen steht es nicht an, die Leute vom Lesen abzuhalten; Sie würden zu viel dabei verlieren.

Mache immer einen Unterschied zwischen den Gebildeten, die denken können, und dem Pöbel, der dazu nicht imstande ist. Wenn die Sitte dich zwingt, dem Gesindel zuliebe eine lächerliche Zeremonie mitzumachen, und wenn dich gescheite Leute dabei betreffen, so gib ihnen mit einer Gebärde, einem Blick ein Zeichen, daß du denkst wie sie, und daß sie nicht lachen sollen. Untergrabe sachte jeden alten Aberglauben und führe keinen neuen ein. Wenn die Magd Bayles in deinen Armen stirbt, sprich nicht mit ihr wie mit Bayle; aber auch nicht mit Bayle wie mit seiner Magd. Wenn die Dummköpfe noch Eicheln wollen, laß sie in Gottes Namen Eicheln essen; aber wehre es nicht, daß man ihnen Brot anbietet.

Wo der Pöbel lacht, stutzt der Philosoph; und wo der Pöbel seine großen, dummen Augen in Bewunderung weit aufreißt, muß der Philosoph lachen.

Wir verstehen uns nicht in Punkto „Volk". Sie halten es für wert, aufgeklärt zu werden. Ich verstehe unter „Volk" jetzt den Pöbel, der von seiner Hände Arbeit leben muß. Ich zweifle, ob diese Schicht je Zeit und Fähigkeit haben wird, sich zu bilden. Sie würden Hungers sterben, ehe sie Philosophen würden. Es muß wohl ungebildete Bettler geben. Sie wären auch meiner Meinung, wenn Sie wie ich ein Gut zu bewirtschaften, wenn Sie Pflüge hätten. Nicht den Tagelöhner soll man bilden, wohl aber den guten Bürgersmann, den Stadtbewohner. Schon das ist eine große und schwere Sache.

Sie zitieren Herrn Chamberlan, nach dem ich geschrieben haben soll, Gott habe alle Menschen mit der gleichen Portion Intelligenz ausgestattet. Gott bewahre mich vor solchem Unsinn. Ich habe seit meinem zwölften Jahr das Gegenteil gedacht. Ich fühlte, daß ich in Mathematik nie weit kommen werde, daß ich keine Begabung für Musik habe, daß ich europäische Sprachen verhältnismäßig leicht lernte, orientalische dagegen nicht. So hat Gott jedem sein „Bis hierher und nicht weiter“ gezeigt.

Politische Ratschläge für einen künftigen Herrscher

I. Zunächst, lieber Vetter, sollten Sie sich mit der Überzeugung durchdringen, daß es einen allmächtigen Gott gibt, der die Verbrechen straft und die Tugend belohnt. Sie kennen genug von der Astronomie, um zu wissen, daß es nicht einen ersten und nicht einen dritten Himmel gibt und keine Himmelsfeste, an die die Sterne angeheftet sind, sondern unendlich viele Kugeln, die im Raume schweben, angeordnet von der Hand eines ewigen Mathematikers. Und da Sie auch etwas Anatomie studiert haben, so lassen Sie sich von den Einwänden einiger Atheisten nicht erschüttern, und Sie sollen denken, daß Gott das Weltall geschaffen hat, wie, um Großes mit Kleinem zu vergleichen. Ihr Palast wurde von Ihrem königlichen Großvater erbaut wurde. Sie lassen ruhig die unter Ihrem Rasen wühlenden Maulwürfe das Dasein der Sonne leugnen, wenn ihnen das Vergnügen macht.

Die Natur hat Ihnen das Dasein eines höchsten Gottes erwiesen; Ihr Herz muß Ihnen sagen, daß es einen gerechten Gott gibt. Worin bei ihm Lohn und Strafe besteht, das werde ich Ihnen nicht sagen. Ich gehöre nicht zu denen, die Ihnen vorsagen: „Da wird sein Heulen und Zähneklappern.“ Denn es ist nicht bewiesen, daß wir nach dem Tod noch Augen und Zähne haben. Die Griechen und Römer lachten über ihre Furien, und die Christen machen schon Witze über ihre Teufel, so daß Beelzebub sich keines größeren Ansehens mehr erfreut als Tisiphone. Es ist eine große Dummheit, mit der Religion Hirngespinste zu verbinden, durch die sie lächerlich wird. Wenn man die Religion, die man predigt, durch solchen Widersinn herabwürdigt, so ist die Gefahr groß, daß man sie den schwachen und verkehrten Köpfen ganz nimmt. Und noch viel verkehrter ist es, dem höchsten Wesen Ungerechtigkeiten und Grausamkeiten anzudichten, die wir bei Menschen aufs schärfste bestrafen würden.

Verehren Sie also Gott nach Ihrer eigenen, nicht nach übernommener Überzeugung! Lästern Sie nicht, weder als Freigeist noch als Fanatiker! Verehren Sie das höchste Wesen als Fürst, nicht als Mönch! Seien Sie gottergeben wie Epiktet und menschenfreundlich wie Mark Aurel!

II. Unter den vielen Sekten, die die Welt unter sich aufgeteilt haben, ist eine, die in fünf bis sechs europäischen Staaten herrscht und die sich die „allgemeine" nennt, weil sie Missionare nach Amerika und Asien gesendet hat. Ließe sie es bei dieser Eitelkeit bewenden, so wäre das nur lächerlich; aber sie ist so anmaßend, so frech, daß sie jeden, der nicht in ihrem Schoß geboren ist, den ewigen Flammen überantwortet. Sie gibt sich als christlich, als katholisch aus, und ist doch keins von beiden. Gibt es etwas Unchristlicheres, als wenn man in allem das Gegenteil von Christus tut? Christus und seine Jünger waren arm; sie wollten von Ehrungen nichts wissen, Erniedrigung und Leiden war ihnen lieb und wert. Erkennt man an diesen Zügen Mönche und Bischöfe, die im Reichtum ersticken, die sich in vielen Ländern Hoheitsrechte angemaßt haben; einen Pontifex, der in der Stadt der Scipionen und der Cäsaren herrscht, und der nie mit einem Fürsten zu reden geruht, wenn dieser Fürst nicht zuvor ihm die Füße geküßt hat? Das nimmt man lachend hin, weil der Gebrauch so lange besteht; neu eingeführt, würde er Entrüstung und Abscheu wecken. So aufgeklärt die Menschen heute sind, sie sind die Sklaven von sechzehn Jahrhunderten der Unwissenheit.

Kann man sich für die Souveräne des sogenannten katholischen Bekenntnisses etwas Erniedrigenderes denken als diese Anerkennung eines Ausländers als Herrn? Denn mag das Joch auch etwas verdeckt sein, sie tragen es doch. Mag immerhin der Verfasser des Jahrhunderts Ludwigs XIV. sagen, der Papst sei ein Idol, dem man die Füße küsse, aber die Hände binde: diese Souveräne schicken dem Götzenbild doch eine Huldigungsgesandtschaft, sie zahlen ihm ihren Tribut in Annaten, in Einkünften des ersten Jahrs. Tausend kirchliche Rechtssachen in Ihren Staaten werden von Sendlingen dieses ausländischen Priesters richterlich entschieden.

Mehr als ein König duldet in seinem Reich das heillose von Päpsten eingerichtete, von Mönchen besetzte Inquisitionsgericht; man hat es milder gestaltet, aber es besteht noch zur Schande des Throns und der menschlichen Natur.

Sie können wohl nicht ohne ein mitleidiges Lächeln von den Faulenzersippen hören, den geschorenen, weißen, grauen, schwarzen, beschuhten und Barfüßern, mit und ohne Hosen, den Seelsorgern einfältiger Frömmlerinnen, die das dumme Volk brandschatzen, Messe lesen, damit man verlorene Sachen wieder finde, und die um ein paar Sou alle Morgen Gott machen, alles Ausländer, alle ihrem Vaterland zur Last, alle Untertanen Roms. Da gibt es Reiche, die füttern hunderttausend dieser trägen und gefräßigen Tiere, aus denen man gute Matrosen und brave Soldaten machen könnte.

Dem Himmel und der Vernunft sei Dank, die Staaten, über die Sie einmal herrschen werden, sind von dieser Plage und Schande verschont. Beachten Sie wohl: sie sind erst aufgeblüht, seitdem Ihre Augiasställe von diesem Unrat gesäubert worden sind.

Sehen Sie sich vor allem England an, das ehemals herabgesunken war zu einer Provinz Roms, und zwar einer entvölkerten, armen, unwissenden, durchwühlten Provinz; und jetzt teilt es Amerika mit Spanien, und zwar hat es den besten Teil davon. Denn wenn Spanien die Metalle hat, so hat England die Ernten, welche diese Metalle kaufen. Es hat in diesem Weltteil das einzige Gebiet, das kräftige, energische Männer hervorbringt; und während elende römisch-katholische Theologen sich über die Frage herumzanken, ob die Amerikaner auch Kinder ihres Adams sind, geben sich die Engländer damit ab, zweihunderttausend Quadratmeilen fruchtbar und reich zu machen und zu bevölkern. Sie gebieten an der Koromandel-Küste; ihre Flotten beherrschen die Meere und brauchten sich nicht vor den vereinigten Flotten Europas zu fürchten.

So sehen Sie deutlich, daß unter sonst gleichen Verhältnissen ein protestantisches Reich einem katholischen überlegen sein muß, weil es an Soldaten, an Landwirten, an Fabriken besitzt, was das andere an

Priestern, Mönchen und Reliquien hat; es muß mehr bar Geld haben, weil sein Geld nicht in den Schätzen unserer Lieben Frau von Loretto vergraben wird, und weil es zum Handel verwendet wird und nicht Totengebeine, die man Heiligenleiber nennt, bedecken muß; es muß reichere Ernten haben, weil es weniger Müßiggangstage hat, die in eitlen Zeremonien, im Wirtshausbesuch und in Ausschweifungen hingebracht werden. Endlich müssen die Soldaten der protestantischen Länder besser sein; denn der Norden ist fruchtbarer an kräftigen, geduldig arbeitenden und langer Strapazen fähigen Menschen, während die Völker des Südens an nichts denken als an ihre Prozessionen, vom Luxus entnervt sind und geschwächt durch eine schmähliche Krankheit, so daß ich auf meinen Reisen an zwei glänzenden Höfen keine zehn Männer fand, die zum Militärdienst fähig gewesen wären. So hat man gesehen, wie ein einziger nordischer Fürst, dessen Staaten noch im vorigen Jahrhundert als gar keine Macht galten, die Häuser Österreich und Frankreich in Schach hielt.

III. Verfolgen Sie nie jemand um seiner religiösen Überzeugungen willen; das ist entsetzlich vor Gott und vor Menschen. Jesus Christus war unterdrückt, kein Unterdrücker. Gäbe es in der Welt ein mächtiges, böses, gottwidriges Wesen, wie die Manichäer annehmen, dem stünde es an, die Menschen zu verfolgen. Es gibt drei rechtlich anerkannte Religionen im Reich; in Ihren Staaten sollte es deren fünfzig geben; Ihre Staaten wären nur um so reicher und Sie um so mächtiger. Machen Sie jeden Aberglauben lächerlich und verächtlich; dann haben Sie nie etwas von der Religion zu fürchten. Sie war schrecklich und bluttriefend, sie hat Throne umgestürzt nur zu der Zeit, da man Fabeln ehrte und Irrtümer heilig sprach. Ich denke an die dumme Anmaßung der Lehre von den zwei Schwertern, an die angebliche Schenkung Konstantins, an die lächerliche Meinung, daß ein jüdischer Bauer aus Galiläa fünfundzwanzig Jahre lang in Rom der Ehre des souveränen Pontifikats teilhaftig war, an die zusammengestoppelten angeblichen Dekretalen, die ein Fälscher fabrizierte, an die ununterbrochene Reihe lügnerischer Legenden, frecher Wundermärchen, apokrypher Bücher, der Prophezeiungen, die man

Sibyllen zuschrieb; dieser abscheuliche Wust von Schwindeleien brachte die Völker zum Rasen und ließ die Könige zittern. Das sind die Waffen, die man benützte, um den großen Kaiser Heinrich IV. abzusetzen, ihn auf die Knie zu zwingen vor Gregor VII., ihn in Armut sterben zu lassen und ihm das Begräbnis zu versagen. Aus dieser Quelle floß all das Unglück, das die beiden Friedrich traf. Darum schwamm Europa jahrhundertelang im Blut. Was ist das für eine Religion, die seit Konstantin sich nur durch Bürgerkriege oder durch Henker gehalten hat! Diese Zeiten sind nicht mehr; hüten wir uns, daß sie nicht wiederkommen.

Dem Baum des Todes, den man ausgeästet hat, sind die Wurzeln noch nicht durchgeschnitten; und solange die römische Sekte noch große Vermögen zur Austeilung zur Verfügung hat und Bischofsmützen und Fürstentümer und Papstkronen, solange ist noch alles für die Freiheit und die Ruhe des Menschengeschlechts zu fürchten. Die Politik hat ein Gleichgewicht zwischen den Großmächten Europas hergestellt; es ist ebenso notwendig, ein solches Gleichgewicht unter den Irrtümern aufzurichten, damit sie, eine von der andern in Schach gehalten, die Welt in Ruhe lassen.

Man hat oft gesagt, daß die Sittlichkeit, die komme, die Geister einige, und das Dogma, das von den Menschen komme, sie spalte. Diese ungeheuerlichen Dogmen, Erzeugnisse der Schulweisheit, bekämpfen sich alle in der Schule; aber sie sollten alle gleichermaßen von den Staatsmännern verachtet werden; sie müssen durch die Weisheit der Regierung zur Ohnmacht verurteilt werden. Es sind Gifte, von denen eines als Gegengift für das andere dient. Das allgemeine Gegengift aber gegen diese Seelengifte ist die Verachtung.

IV. Sorgen Sie für die Gerechtigkeit, ohne die alles Zügellosigkeit und Räuberei wird. Und unterstellen Sie sich selbst als erster dem Recht. Die Richter seien nur Richter und nicht Herren, die ersten Diener des Gesetzes und nicht seine Gebieter. Dulden Sie nie, daß man einen Bürger hinrichtet, und wäre es der letzte Bettler Ihrer Staaten, ohne daß Ihr Staatsrat die Akten seines Prozesses geprüft hätte! Dieser Elende ist ein Mensch, und Sie sind Rechenschaft schuldig für sein Blut.

Die Gesetze seien einfach, gleichförmig, allgemeinverständlich. Was in *einer* Ihrer Städte wahr und recht ist, soll nicht falsch und unrecht sein in einer anderen. Diese widerspruchsvolle Anarchie ertragen wir nicht mehr.

Wenn Sie je in diesen schlechten Zeiten Geld brauchen, so verkaufen Sie Ihre Wälder, Ihr Silbergerät, Ihre Diamanten, aber niemals richterliche Ämter. Das Recht der Entscheidung über Leben und Vermögen von Menschen kaufen, das ist der heilloseste Handel, den es gibt. Man spricht von Simonie: gibt es eine erbärmlichere Simonie als den Verkauf des Richteramts? Gibt es etwas Heiligeres als die Gesetze?

Ihre Gesetze seien weder zu lax noch zu streng. Keine Vermögenseinziehung zu Ihren Gunsten! Diese Versuchung ist zu gefährlich. Außerdem sind solche Beschlagnahmen ein Raub an den Kindern eines Schuldigen. Wenn Sie diesen unschuldigen Kindern doch ihr Leben lassen, warum wollen Sie sie ihres Erbteils berauben? Sind Sie nicht reich genug, müssen Sie sich auch noch mästen mit dem Blut Ihrer Untertanen? Die guten Kaiser, von denen wir unsere Gesetzgebung haben, ließen solche barbarischen Bräuche niemals zu.

Strafen sind leider eine Notwendigkeit; man muß den Verbrechern Angst einjagen; aber gestalten Sie die Strafen so, daß sie nützlich werden. Wer die Menschen geschädigt hat, soll den Menschen dienen. Zwei Herrscherinnen des gewaltigsten Reiches der Welt haben, eine nach der andern, dieses große Beispiel gegeben. Wenn es Verbrecherhände waren, die öde und wüste Landstriche urbar machten, fruchtbar sind sie so immerhin geworden. Immer neu einsetzend hat die Arbeit dieser Hände die Landstraßen unterhalten die der Sicherheit und der Verschönerung dieses Reiches dienen.

Möge der scheußliche Brauch der Folter in Ihren Staaten nie wieder aufkommen, oder höchstens in dem Fall, da das Staatswohl es gebieterisch verlangt. Die „peinliche Frage“, die Folter war ursprünglich eine Erfindung der Straßenräuber, die bei der Plünderung der Häuser Herrschaft und Dienerschaft so lange quälten, bis sie ihnen das Versteck des Geldes offenbarten; dann nahmen die Römer den fürchterlichen Brauch auf und wandten ihn gegen die Sklaven an, die sie nicht als Menschen gelten ließen. Niemals setzte man römische Bürger dieser Prozedur aus. – Übrigens wissen Sie, daß man in den Ländern, in denen diese Grausamkeit abgeschafft ist, nicht mehr Verbrecher sieht als in den anderen. Man hat so oft gezeigt, daß die Folter ein fast sicher wirkendes Geheimmittel für die Rettung eines robusten Schuldigen und für die Verdammung eines schwachnervigen Unschuldigen ist, daß diese Beweisführung endlich ganze Völker überzeugt hat.

V. Die Finanzen werden bei Ihnen nach Sparsamkeitsgrundsätzen verwaltet, die nie wieder angetastet werden sollten. Behalten Sie doch ja diese weise Verwaltung bei! Das Rezept ist so außerordentlich einfach. Die Soldaten, die in Friedenszeiten von keinem Nutzen sind, werden auf die verschiedenen Stadttore verteilt; sie können dem Zoll- und Steuereinnehmer, der in der Regel ein älterer, nicht waffentragender Mann ist, rasche Hilfe leisten. So brauchen Sie kein Heer von Steuerbeamten gegen Ihre eigenen Untertanen zu unterhalten. Das Geld des Staates geht nicht durch dreißig verschiedene Hände, an denen allen immer ein Teil hängen bleibt. Es bilden sich nicht jene Riesenvermögen aus der Erpressung auf Ihre Kosten, auf Kosten des Adels und des Volkes. Jeder Steuereinnehmer bringt allmonatlich das von ihm eingezogene Geld auf Ihre Finanzkammer. Das Volk wird nicht zu Boden getreten und der Fürst wird nicht bestohlen. Bei Ihnen kennt man nicht jene Masse untergeordneter Ämtchen ohne Dienstleistung, die in gewissen Staaten aus dem Boden schießen, wo eine in Schulden steckende Regierung sie dem Verkauf aussetzt. Diese Titelchen werden freilich von der Eitelkeit um teures Geld gekauft; was sie eintragen, das ist eine Dauerrente für die Käufer, aber auch eine dauernde Schwächung für den Staat. Bei Ihnen sieht man nicht jene Masse wertloser Spießbürger, die, Hofräte betitelt, im Müßiggang leben und nichts anderes zu tun haben als die Einkünfte der von ihren Vätern beschafften Pfründen zu Vergnügungszwecken zu verschwenden. Jeder Bürger lebt bei Ihnen von den Einkünften seiner Güter oder von dem Ertrag seines Gewerbefleißes oder von dem Gehalt, den ihm der Fürst aussetzt. Die Regierung steckt nicht in Schulden. Nie habe ich, wie in den Ländern, in denen ich in meiner Jugend reiste, in den Straßen ausrufen hören: „Neuer Erlaß über eine Rentenaussetzung; neue Anleihe; Hofratsämter."

Einen Grafen des Reichs, der es in seinem Gebiet so treiben wollte, würde man unter Kuratel stellen; mit Recht würde man ihm die Verfügung über seine Güter nehmen.

VI. Lassen Sie Ihre Soldaten an der Verbesserung der Straßen arbeiten, auf denen sie marschieren sollen, an den Häfen, in denen sie aus- und einlaufen, an den Festungswerken der Städte, die sie zu verteidigen haben. Diese nützlichen Arbeiten sind ihre Beschäftigung in Friedenszeiten und dienen ihrer körperlichen Ertüchtigung für die Strapazen des Kriegs. Eine kleine Erhöhung des Solds wird genügen, daß sie sich mit Freuden an die Arbeit machen. So machten es die Römer; die Legionen legten selbst die Straßen an, auf denen sie zur Eroberung von Kleinasien und Syrien auszogen. Man fragt, ob man die Soldaten heiraten lassen solle. Ich halte das für rätlich; es gäbe weniger Fahnenflüchtige; auch wäre es gut für die Bevölkerungsvermehrung. Ich weiß wohl, daß ein verheirateter Soldat sich ferne von den Grenzen weniger gerne schlägt; um so eifriger kämpft er auf dem vaterländischen Boden. Sie haben nicht im Sinn, das ferne Ausland mit Krieg zu überziehen. Es liegt in Ihrem Interesse, daß Ihre Soldaten Ihre Provinzen bevölkern, statt fremde zugrunde zu richten.

Der Kriegsmann soll nach langem Dienst gesicherten Unterhalt haben; er soll wenigstens seinen Halbsold genießen dürfen wie in England. Ein Invalidenpalast im Stil Ludwigs XIV. möchte einem gewaltigen, reichen Staat wohl anstehen. Für Ihre Staaten ist es wohl ersprießlicher, wenn jeder Soldat spätestens im Alter von fünfzig Jahren in den Schoß seiner Familie zurückkehrt. Da kann er noch das Land bebauen oder ein nützliches Handwerk betreiben; er kann noch dem Vaterland Kinder schenken. Der Halbsold, so bescheiden er ist, ist Geld, das umläuft und der Volkswirtschaft zugutekommt. Wenn der entlassene Soldat nur zehn Ar urbar macht, so nützt er dem Staat mehr als einst auf der Parade.

VII. Dulden Sie den Bettel nicht! Das ist ein Unfug, den man in England, in Frankreich und in einem Teil Deutschlands noch nicht ausrotten konnte. Es gibt, glaube ich, in Europa mehr als vierhunderttausend solcher Unglücklichen, die, des Namens Mensch nicht wert, aus dem Müßiggang und dem Strolchentum ein Gewerbe machen; haben sie sich einmal dieser heillosen Lebensart ergeben, so sind sie nichts mehr nütze. Sie sind den Boden nicht mehr wert, in dem sie begraben werden sollten. In Holland, in Schweden, in Dänemark wird diese Schande der Menschheit nicht mehr geduldet, nicht einmal in Polen. Auch Rußland hat diese Bettlerbanden nicht, die die Reisenden brandschatzen. Ohne Gnade sollte man die Bettler strafen, die durch die Furcht wirken, die sie einflößen, dagegen die Armen mit der gewissenhaftesten Sorgfalt unterstützen. Jede Gemeindebehörde soll für ihre Armen und Kranken sorgen. So macht man es in Lyon und Amsterdam, deren Spitäler mustergültig sind. Die Verwaltung der Pariser Spitäler ist ganz unzureichend.

Die englische Verfassung

Es ist merkwürdig, wie eine Verfassung zustande kommt. Von Tamerlan will ich nicht reden, weil ich das Geheimnis der Regierung des Großmoguls nicht kenne; England liegt uns näher. – Da haben wir zunächst einen normännischen Bastard, der sich in den Kopf setzt, König von England zu werden. Wilhelm, der Bastard, verfehlt nicht, seiner Sache den Anstrich des Rechts und der Heiligkeit zu geben durch eine Bulle Alexanders II., der ihm sein Recht zusicherte, ohne die Gegenpartei auch nur zu hören, bloß kraft der Worte: „Was du auf Erden gebunden hast, soll im Himmel gebunden sein." Indem sein Gegner Harold, ein sehr rechtmäßiger König, so durch einen vom Himmel stammenden Erlaß gebunden war, fügte Wilhelm zu dieser Kraft des katholischen Stuhls noch eine etwas stärkere Kraft; das war der Sieg bei Hastings. So regierte er nach dem Recht der Gewalt, wie Pipin und Chlodwig in Frankreich, wie die Goten und Langobarden in Italien, die Westgoten und Araber in Spanien, die Vandalen in Afrika und alle Könige dieser Welt, einer nach dem andern. Das eine muß man auch noch sagen, daß unser Bastard einen ebenso gerechten Rechtsanspruch hatte wie die Sachsen und Dänen, die einen ebenso gerechten besessen hatten wie vor ihnen die Römer. Der Rechtsanspruch aller dieser Helden war derjenige der Straßenräuber oder, wenn Sie lieber wollen, der der Füchse und Marder, wenn diese Bestien ihre Eroberungszüge in die Geflügelhöfe unternehmen. Schon im Alten Testament gibt der Prophet Jesaia dem Sohn, den seine Frau in die Welt setzen soll, den Namen Räuber. Er nennt ihn nämlich Maher-salal-has-bas, das will sagen: Teilt schnell die Beute (Jes. 8, 1 u. 3).

So war also Wilhelm König nach göttlichem Recht; Wilhelm der Rote, der seinem älteren Bruder die Krone raubte, wurde seinerseits ohne die geringste Schwierigkeit König nach göttlichem Recht; und dieses selbe göttliche Recht fiel nach ihm Heinrich zu, dem dritten Thronräuber. – Die normannischen Barone, die zum Einfall in England beigesteuert und mitgeholfen hatten, wollten Belohnungen. Man mußte sie ihnen geben, sie zu großen Vasallen, zu Würdenträgern machen. Natürlich hätte Wilhelm gerne alles für sich allein behalten. Aber er hätte zuviel riskiert; er mußte also teilen. Die angelsächsischen Grundherren, die man nicht alle umbringen oder versklaven konnte, machte man zu Lehnsleuten der normannischen Vasallen. Und so war alles bis auf weiteres im Gleichgewicht.

Und was wurde aus dem Rest der Nation? Das, was aus den anderen Bewohnern Europas geworden war: Leibeigene, „Gemeine". Endlich nach der Tollheit der Kreuzzüge verkauften die Fürsten die Freiheit an Leibeigene, die durch Arbeit und Handel etwas Geld erworben hatten. Die Städte bekamen Freiheiten, die Gemeinen Vorrechte. Die Barone lagen stets mit ihrem König und untereinander im Streit, der sich zu hundert Bürgerkriegen auswuchs. Aus diesem scheußlichen, finstern Wirrwarr der Anarchie drang schließlich ein schwaches Licht hervor: die Menschenrechte erstanden.

Nachdem England und Frankreich so lange nach denselben Grundsätzen, oder besser ohne alle Grundsätze regiert wurden, wie kommt es, daß sie schließlich in ihrer Verfassung so weit auseinander gingen wie Marokko und Venedig? Doch wohl, weil England eine Insel war und der König kein großes Landheer unterhalten mußte, das man gegen das eigene Volk gebrauchen kann, noch besser als gegen das Ausland. Doch wohl, weil die Engländer mit etwas mehr Festigkeit, Ernst und Zähigkeit begabt sind als andere Völker. Doch wohl, weil sie das schmachvolle Joch des römischen Hofs ganz abschüttelten, während ein leichtlebigeres Volk darüber spottet, aber es weiter trägt und mit seinen Ketten tanzt. Doch wohl, weil die Lage ihres Landes, die sie zum seefahrenden Volk macht, ihnen härtere Sitten gegeben hat; und weil die härteren Sitten, die ihre Insel zum Schauplatz blutiger Trauerspiele machten, ihnen auch stolzen Freiheitssinn einflößten. So floß viel königliches Blut in ihren Kämpfen und auf ihren Schafotten, während sie die in Priesterstaaten so gebräuchliche Waffe, das Gift, verschmähten. Je gebildeter, je reicher sie wurden, um so mehr wurde die Liebe zur Freiheit ihr herrschender Charakterzug. Nicht alle Bürger können gleich mächtig sein, aber alle gleich frei. Und das haben die Engländer endlich erreicht durch ihr Selbstvertrauen. Frei sein heißt, nur dem Gesetz gehorchen; so haben die Engländer das Gesetz lieben gelernt, wie die Väter ihre Kinder lieben, weil sie sie gemacht haben oder doch meinen, sie haben sie gemacht.

Eine solche Verfassung braucht zu ihrer Bildung lange Zeit, weil sie lange mit tiefwurzelnden Mächten zu kämpfen hat: da ist die allerfurchtbarste, die Macht des Papstes, gegründet auf Vorurteil und Unwissenheit; dann die königliche Macht immer zu gewaltigem Ausgreifen bereit, die anarchische Macht des Baronentums und die Macht der Bischöfe, die mit geistlich-weltlichen Waffen dem König und den Baronen beizukommen suchen. Allmählich wird das Haus der Gemeinen der Damm, der diese reißenden Ströme zurückdämmt. – Einem solchen Staat gegenüber ist die Platonische Republik ein lächerlicher Traum, und wenn auch in dieses Gebäude zur Zeit von Fairfax und Cromwell der Sturm des Fanatismus mit zerstörender Gewalt gefahren ist, so ist es von der Philosophie zur Zeit Wilhelms von Oranien fester wieder aufgebaut worden, so fest, daß es wohl dauern wird, so lange menschliche

Einrichtungen überhaupt dauern. Allen Staaten aber, die nicht auf solche Grundsätze aufgebaut sind, stehen gewiß noch Umwälzungen bevor.

Ein Artikel aus Voltaires Reformprogramm

Wir haben in Paris Geld, um ganze Reiche zu kaufen, wir sehen täglich, was unserer Stadt fehlt, und wir tun nichts als kritisieren. Da gehen wir am Louvre vorüber und seufzen darüber, daß das Wunderwerk der Fassade Ludwigs XIV. hinter gotischen und vandalischen Gebäuden versteckt liegt. Mit Recht erröten wir darüber, daß unsere öffentlichen Märkte in engen Straßen liegen und uns durch Unsauberkeit, Unordnung, schlechte Düfte belästigen. Große Stadtviertel verlangen gebieterisch öffentliche Plätze. Und während der Triumphbogen des Saint-Denis-Tores, das Reiterstandbild Heinrichs des Großen, die beiden Brücken und prächtigen Uferstraßen, während der Louvre, die Tuilerien, die Elysäischen Felder die Schönheiten des alten Roms erreichen oder übertreffen, stellt der dunkle, zusammengepferchte, scheußliche Kern unserer Stadt noch das Zeitalter der rückständigsten Barbarei dar. Das sagen wir unaufhörlich. Wie lange wollen wir es noch sagen, ohne Hand anzulegen?

Wem kommt es zu, die Stadt schöner zu gestalten als den Bewohnern, denen sie Wohlstand und Genüsse in verschwenderischer Fülle bietet? Es ist Zeit, daß die Männer, die an der Spitze der üppigsten Hauptstadt Europas stehen, sie auch zur komfortabelsten und prächtigsten machen. Ist es nicht eine Schande, daß wir uns mit etwas Feuerwerk begnügen, das wir vor einem häßlichen Gebäude auf einem Platz abbrennen, der für Hinrichtungen von Verbrechern bestimmt ist? Man stecke sich seine Ziele etwas höher. Wir brauchen nicht bloß *einen* Platz und *ein* Standbild des Königs, von dem man in Paris schon lange redet, während London uns das Beispiel gibt, wie man handelt, sogar mitten im Krieg. Wir brauchen öffentliche Märkte, wir brauchen Springbrunnen und zwar solche, die auch Wasser spenden, regelmäßige Straßenzüge und Straßenkreuzungen, Schauspielhäuser; man muß die engen, verpesteten Straßen erweitern, die

Monumentalbauten, die man nicht sieht, frei legen, neue bauen, die man aber auch sieht.

Aber alle diese Projekte stoßen auf spießbürgerliche Gesinnung, auf die gemeine Angst vor den Kosten für das, was man doch einmal unternehmen muß, koste es was es wolle. Aber es ist ganz sicher, daß das den Staat nichts kostet. Das Geld, das man an diese Arbeiten wendet, wird jedenfalls nicht Fremden ausbezahlt. Ja, wenn man das Eisen aus Deutschland und die Steine aus England kommen lassen müßte, dann wollte ich es noch gelten lassen, daß man in diesem unwürdigen Stillstand verkommt. Aber der Staat verliert ja gar nichts, er gewinnt bei diesen Arbeiten. Alle Armen werden in wertvoller Weise beschäftigt, mit dem Umlauf vermehrt sich das Geld. Das Volk, das arbeitet, ist immer das reichste Volk.

Aber wo soll man die Kapitalien hernehmen? Da, wo die römischen Könige sie holten, als sie in den Zeiten der Armut jene unterirdischen Gewölbe bauten, die noch sechs Jahrhunderte später die Bewunderung des reich gewordenen, des triumphierenden Rom erregten. Sind wir am Ende weniger gewerbefleißig als die alten Ägypter, deren Pyramiden ich ja nicht rühmen will, weil sie bloß geschmacklose Prunkbauten waren, aber an deren wunderbare Nutzbauten ich erinnern möchte? Ist denn weniger Geld in Paris als seinerzeit im neuzeitlichen Rom, als es Sankt Peter baute, dieses Meisterwerk der Pracht und des Geschmacks und so viele andere Werke der Baukunst, in denen das Nützliche, das Edle und das Wohlgefällige sich vereinigen? London war nicht so reich wie Paris, als seine Aldermänner die Sankt-Pauls-Kirche bauten, diese zweite Kathedrale Europas, vor der wir uns mit unserer gotischen schämen müssen. Wo wir Kapitalien hernehmen sollen? Ja, fehlt es uns denn an solchen, wenn es gilt, Wohnräume und Wagen vergolden zu lassen, wenn wir alle Tage Festmähler geben, die der Gesundheit und dem Vermögen nur schaden und die uns schließlich ganz geistlos machen; ja, wenn wir nur an den Umlauf des Geldes, das im Spiel drauf geht, denken? Nach meiner Berechnung sind in zehntausend Häusern wenigstens tausend Francs in Gewinn und Verlust pro Haus und pro Jahr im Umlauf (es könnte auch die zehnfache Summe sein); dieser Posten allein beläuft sich auf zehn Millionen, die man leicht flüssig machen könnte.

Heinrich IV. hatte vierzig Millionen Livres in seiner Schatzkasse; die Bürger von Paris haben sicher sechsmal so viel in gemünztem Geld. Also können die reichen Pariser Bürger ein Wunder von Pracht aus ihrer Stadt machen, wenn sie nur ein bißchen von ihrem Überfluß hergeben. Wird ein begüterter Mann zu sagen wagen, wenn es sich um den Vorteil des Publikums und seinen eigenen handelt: „Hundert Franken sind mir zuviel." Wenn er so gering ist, so zu denken, so wird er nicht so schamlos sein, so zu sagen. Es handelt sich also nur darum, die Gelder, die da sind, flüssig zu machen, wofür es hundert Mittel und Wege gibt – und in weniger als zehn Jahren ist Paris das Wunder der Welt.

Als London von den Flammen zerstört wurde, sagte Europa: „Der Wiederaufbau braucht mindestens zwanzig Jahre." In zwei Jahren erstand es wieder, und zwar prächtig. Wenn halb Paris verbrennen würde, wir würden es wieder aufbauen, stolz und wohnlich. Und heute wollen wir ihm nicht die Behaglichkeit und den Glanz geben, die es braucht, mit Kosten, die tausendmal geringer sind? Und ein solches Unternehmen wäre doch eine Ehre für die Nation wie für die Pariser Stadtkörperschaft; es würde die Künste fördern, würde die Fremden von den Enden Europas anlocken, würde den Staat reicher und nicht ärmer machen, würde tausend unwürdige Faulenzer an die Arbeit gewöhnen, die jetzt ihr elendes Leben nur auf das heillose, strafwürdige Bettlerhandwerk gründen und die ein Schandfleck für die Stadt sind. Möchte sich doch in unserer Riesenstadt ein Mann finden, der dieses von allen Bürgern ersehnte und von allen Bürgern vernachlässigte Werk in die Hand nimmt! Wenn man aber nichts tut, als bei Tisch davon reden, fromme Wünsche aussprechen oder gar schlechte Witze darüber reißen, dann freilich, dann muß man weinen auf den Trümmern Jerusalems.

Nationalökonomisches – Was ist Reichtum?

Was heißen Sie reich sein?

Viel Geld haben.

Da täuschen Sie sich. Die Südamerikaner hatten früher viel mehr Geld, als *Sie* jemals besitzen werden; aber da sie keine Industrie hatten, so fehlte ihnen alles, was man sich mit Geld verschaffen kann; sie lebten wirklich erbärmlich und elend.

Ich verstehe; nach Ihnen besteht der Reichtum im Besitz fruchtbaren Landes.

O nein! Die Tataren in der Ukraine haben eines der schönsten Länder Europas und es fehlt ihnen doch an allem.

Mit dem Wohlstand eines Staates verhält es sich wie mit den Talenten, die auch von der Natur *und* von der Kultur abhängen. So gründet sich der Reichtum auf Boden *und* Arbeit. Das reichste und glücklichste Volk ist das, welches den besten Boden bebaut, und das schönste Geschenk Gottes an den Menschen ist die Notwendigkeit, zu arbeiten.

Der wahre Reichtum eines Staats besteht nicht in Silber und Gold, sondern in der Fülle der Lebensgüter, er besteht in Industrie und Arbeit. Noch gar nicht so lange konnte man am La-Plata-Fluß ein spanisches Regiment sehen, dessen Offiziere alle goldene Degen trugen, aber keine Hemden und kein Brot hatten. Nicht weil das Geld, sondern weil die Industrie ums hundertfache gewachsen ist, sind wir, wie ich behaupte, hundertmal reicher als zur Zeit Hugo Capets. Reich sein heißt genießen. Nun genieße ich ein besser gelüftetes, besser gebautes, besser angelegtes Haus als das war, das Hugo Capet hatte. Man pflegt die Weinberge besser, und ich trinke besseren Wein; wir haben jetzt gute Fabriken; so sind die Stoffe besser, mit denen ich mich bekleide; dank den Fortschritten der Kochkunst ist meine Speisekarte erlesener als die aller königlichen Festschmäuse Hugo Capets. Er ließ sich in einem Karren von einem seiner Häuser zum anderen führen; ich in einem komfortablen feinen Gefährt, in dem ich etwas sehe ohne vom Wind belästigt zu werden. Also – nicht das Geld macht einen Staat reich, sondern der Geist, ich meine den Geist, der die Arbeit leitet.

Der Bettel, der heilige und der profane

Es gibt Bettler von zweierlei Art: Die einen ziehen in Lumpen durchs Land und pressen den Vorübergehenden mit ihrem kläglichen Geschrei das Geld aus, das sie zur Einkehr in der Schenke brauchen; die andern tragen Uniformen und brandschatzen das Volk im Namen Gottes; zum Souper gehen sie dann wieder in ihre großen Häuser, wo sie höchst behaglich leben. Die erstere Art ist weniger schädlich, weil sie unterwegs dem Staat Kinder erzeugt, und wenn sie gleich Diebe hervorbringt, doch auch Maurer und Soldaten liefert. Beide Sorten sind freilich ein Übel, über das jedermann klagt, das aber freilich niemand ausrottet. Es ist sehr merkwürdig, daß ein Reich, das brachliegendes Land und Kolonien hat, Leute duldet, die weder zur Bevölkerungsvermehrung beitragen noch arbeiten.

Ich glaube, daß England, das protestantische Deutschland, Holland im Verhältnis dichter bevölkert sind als Frankreich. In diesen Ländern gibt es keine Mönche, die Gott eidlich versprechen, den Menschen nichts zu nützen. Die Priester dieser Länder, die wenig zu tun haben, beschäftigen sich mit Studien und mit Fortpflanzung. Sie haben kräftige Kinder, denen sie eine bessere Erziehung geben als die Kinder französischer und italienischer Marquis sie genießen.

Der rechte Landwirt

Nichts ist schöner als ein geräumiges bäuerliches Haus, in das durch vier große Einfahrtstore Wagen einziehen, beladen mit allen Erzeugnissen der Felder; eichene Stützsäulen für das Balkengewölbe stehen in gleichmäßigen Abständen auf steinernen Fußgestellen. Lange Ställe ziehen sich rechts und links herum: fünfzig sauber gehaltene Kühe mit ihren Kälbern auf der einen, die Pferde und Ochsen auf der anderen Seite;

ihr Futter fällt von ungeheuren Speichern herab in ihre Krippe; in der Mitte sind die Tennen, in denen man das Korn ausdrischt, und die Tiere spüren recht gut, daß das Futter darin ihnen von rechtswegen zusteht. – Gegen Süden sind die Geflügelhöfe und die Schafställe; gegen Norden die Keltern, die Vorratsgewölbe, die Obstkeller; nach Osten zu die Gebäude für den Gutsverwalter und dreißig Dienstboten; nach Westen dehnen sich die großen Futterwiesen, die von allen Tieren gedüngt werden, die den Menschen bei der Arbeit helfen. Die Bäume des Obstgartens mit ihren Stein- und Kernobstfrüchten stellen einen weiteren Reichtum dar. Vier- oder fünfhundert Bienenkörbe, deren Insassen ihrem Besitzer eine schöne Ernte an Honig und Wachs eintragen, stehen an einem kleinen Bach, der den Obstgarten bewässert. – Unabsehbar dehnen sich Alleen von Maulbeerbäumen, deren Blätter jene wertvollen Raupen nähren, die ebenso nützlich sind wie die Bienen. Ein Teil dieses weitgedehnten Anwesens ist durch eine undurchdringliche, sauber geschnittene Weißdornhecke abgeschlossen, die Gesicht und Geruch erquickt; der Hof und die Geflügelhöfe sind hoch ummauert.

So soll eine gute Meierei aussehen, und in dieser Art gibt es manche in dem Grenzland, in dem ich wohne. Ich darf, ohne mich rühmen zu wollen, sagen, daß auch die meinige der eben geschilderten einigermaßen gleicht. Aber, sagen Sie es ehrlich, gibt es viele solche in Frankreich? Sie wissen wohl, daß die Zahl der armen Landwirte und der Kleingrundbesitzer mindestens um zwei Drittel die Zahl der reichen Großgrundbesitzer übersteigt. In meiner Nachbarschaft habe ich Berufsgenossen, die einen unergiebigen Boden mit vier Ochsen bearbeiten und nur zwei Kühe haben; und solche gibt es viele in allen Provinzen. Ihre Häuser und Scheunen sind rechte Hütten der Armutei. Sie können unmöglich auf das Jahresende die Mittel zusammenbringen, um ihr Heim wieder instand zu setzen. Wenn sie alle Steuern entrichtet haben, müssen sie auch noch ihren Pfarrern den Zehnten vom Reinertrag ihrer Felder abliefern; „Zehnten“ sollte man eigentlich nicht sagen; denn er beträgt ein ganzes Viertel vom Ertrag der Wirtschaft. Und doch glaubt ein Bauer, wenn er einen Grundherrn findet, der ihn in den Stand setzt, vier Ochsen und zwei

Kühe zu haben, er sei höchst vermögend; seine Familie fühlt sich behaglich und singt an schönen Tagen in den Erntezeiten.

Alle wären gewiß besser daran, wenn die Grundherren wie in England neun Monate im Jahr auf ihren Gütern leben wollten. Sie würden dann nicht bloß den Notleidenden hie und da ein Almosen spenden; sie würden ganz von selbst Gutes tun, schon dadurch, daß sie Arbeitsgelegenheit schaffen. Wer immer menschliche Arme nützlich beschäftigt, ist ein Wohltäter des Vaterlands.

Freilich, in Paris gibt es mehr als zweihunderttausend Seelen, denen unsere Landarbeit sehr gleichgültig ist. Junge Damen beim Souper mit ihren Geliebten nach der komischen Oper fragen doch nicht, ob die Landwirtschaft prosperiert. Und viele Bürgersleute, die sich für gute Köpfe in ihrem Stadtbezirk halten, glauben, alles sei wohl bestellt im Weltall, wenn nur die städtischen Renten recht ausbezahlt werden. Daß *wir* sie ausbezahlen, daß sie *uns* den Lebensunterhalt verdanken, das bedenken sie nicht.

Der Staat schuldet uns seinen ganzen Schutz. Es ist ein Verbrechen der „Menschheitsbeleidigung", wenn man unser Werk behindert. Es ist auch eins, wenn man uns zu gewissen Zeiten des Jahres zu einem verderblichen Müßiggang verurteilt. Zwei, drei Tage hintereinander hindert man uns, den Boden so zu pflegen, wie er es braucht, nachdem wir doch morgens dem Himmel seine Ehre erwiesen haben. Und unsere Tagelöhner verführt man dazu, im Wirtshaus ihre Gesundheit und ihren Verstand zu verlieren, statt sich mit ehrlicher Arbeit durchzuschlagen. Dieser Mißbrauch ist ja teilweise abgestellt worden, aber nicht gründlich. Ach! wer alle Mißbräuche abstellen könnte!

Die Anfänge der Religion

Ein gelehrter und philosophischer Kopf, einer der tiefsten Metaphysiker unserer Tage sucht den Beweis zu führen – und er hat kräftige Gründe für seine Meinung –,daß die Menschen mit der Religion der Vielgötterei begonnen haben, daß in den Anfängen die Vernunft noch nicht gebildet genug war, ein einziges höchstes Wesen anzuerkennen.

Ich möchte im Gegenteil glauben, daß man mit der Anerkennung eines einzigen Gottes begonnen hat, und daß die menschliche Schwäche erst nachher der Vielgötterei sich zuwandte.

Es gab doch sicher, ehe es große Städte gab, kleine Nester, kleine Gemeinwesen *vor* großen Reichen. Erschreckt vom Donner, aufgeregt über Mißwachs, mißhandelt vom Nachbarnest, im Gefühl der eigenen Schwäche und in der Ahnung des Waltens einer unsichtbaren Macht, mußten sich die Bewohner eines solchen Nestes bald sagen: Es gibt ein Wesen über uns, das uns wohl und wehe tut.

Unmöglich konnten sie sich sagen: Es gibt zwei Mächte; immer fängt man mit dem Einfachen an und kommt dann erst auf das Verwickelte, um dann oft wieder zum Einfachen zurückzukehren.

Dieses Wesen, war es die Sonne, war es der Mond? Ich glaube nicht. Man muß Kinder beobachten, auf deren Stufe ungefähr die geistig rohen Menschen stehen. Sie beobachten den Himmel mit den Gestirnen nicht; er macht keinen Eindruck auf sie. Erst Philosophen können den Lauf der Gestirne beobachten und durch Bewunderung zur Anbetung geführt werden. Einfache Bauern sind zu ungebildet für einen so edlen Irrtum. Aber wenn der Donner grollt, dann zittern die Kinder und die Primitiven und verstecken sich. So sagt man sich: Über uns ist eine Macht, die donnert, hagelt, unsere Kinder umbringt; versöhnen wir sie! Aber wie? Mit kleinen Geschenken haben wir schon oft zornige Leute umgestimmt; bieten wir dieser Macht kleine Geschenke! Wie sollen wir sie heißen? Herr, Häuptling, gnädiger Herr. So hatte in Amerika jedes Völkchen seinen Schutzgott, und die Mexikaner nannten ihren Kriegergott Vitslputsli, wie die Hebräer den ihren den Herrn der Heerscharen nannten.

Also nicht mit der Anbetung eines Gottes der ganzen Natur, sondern mit der eines Dorfgottes begann die Religionsgeschichte. Die Leute fühlten, ehe sie untersuchten. Sie fühlten ihre Schwäche und Notdurft, und dachten sich das Schutz- und Schreckwesen im nächsten Wald, auf einem Berg, in einer Wolke; sie dachten es sich also einzig, weil ein solches Nest nur *einen* Häuptling im Kriege hatte; sie dachten es sich körperlich, weil sie es sich nicht anders vorstellen konnten. Sie mußten ganz notwendig glauben, das Nachbarnest habe auch seinen Gott. Daher sagt Jephtha zu den Moabitern (Richter 11, 24): Ihr besitzt mit Fug und Recht, was euer Gott Chamos euch zu erobern gab; aber ihr müßt auch uns genießen lassen, was unser Gott uns durch seine Siege verlieh. Man beachte diese Rede wohl: Die Juden und die Moabiter hatten die Eingeborenen des Landes verjagt, bloß mit dem Recht der Gewalt; und nun sagt einer zum andern: Dein Gott hat dich beschützt in deinem Raubzug; laß dir's recht sein, daß mein Gott mich in meinem beschützt. Jeremias und Amos fragen: Welches Recht hatte der Gott Melchom, sich des Landes Gad zu bemächtigen?

Diese Stellen beweisen, daß das Altertum jedem Land einen Schutzgott zuwies. Mit der Entwicklung der Phantasie und dem Erwerb einer verworrenen Wissenschaft kam dann die Vermehrung der Zahl der Götter. Man weist den Elementen, den Meeren, den Wäldern Schutzgötter an, von denen die Erde bald wimmelt. Man kommt von den Gestirnen auf Katzen und Zwiebel. Aber die Vernunft muß sich auch entwickeln; die Zeit bildet Philosophen, die erkennen, daß weder Zwiebel noch Katzen und auch nicht die Gestirne die Ordnung der Natur entworfen haben. Alle diese Philosophen erkennen *einen* höchsten Gott an, ohne daß sie zunächst dem Volk etwas davon sagen: Wer in Ägypten etwas Unfreundliches über Katzen und Zwiebel gesagt hätte vor alten Weibern und Priestern, wäre gesteinigt worden; wer ihnen vorgehalten hätte, sie essen ja ihre Götter, wäre selbst gefressen worden.

Die Hauptsache in den Mysterien ist die Anbetung eines einzigen Gottes; daneben ließ man die alte Religion weiter bestehen. So traten neben den höchsten Gott Zwischenwesen; auch Helden oder Kaiser im Rang von Göttern oder Seligen.

Zur Zeit, des Augustus erkannten diejenigen, die überhaupt Religion hatten, einen oberen ewigen Gott an und mehrere Reihen von Nebengöttern, deren Dienst man später Götzendienst nannte.

Die wahre israelitische Roligionsgeschichte

Man darf den heiligen Büchern der Juden so wenig glauben, wie wir Livius glauben, wenn er uns sagt, Romulus sei der Sohn des Gottes Mars gewesen. Die Juden waren zur Zeit des angeblichen Moses eine schweifende Horde von Wüstenarabern, die sich schließlich einiger Dörfer in der Nähe von Phönizien bemächtigten. Erst unter den Königen bildete sich ihr uns bekanntes Gesetz. Ein Beweis dafür, daß sie vorher keine festbestimmte Religion hatten, ist, was Jephtha, einer ihrer Häuptlinge, zu den Moabitern sagt (Richt. 11, 2 4) : „Gehört euch nicht mit Recht, was euer Gott Chamos besitzt, und was der unsrige sich durch seine Siege erworben hat, sollte das nicht uns gehören?“ Also sahen die Juden Chamos damals als wirklichen Gott an, wie jedes Volk seinen besonderen Gott hatte; und nur darum handelte es sich, wer es dem anderen zuvortun würde: der jüdische oder der moabitische Gott.

Ein anderer Beweis aus dem ersten Kapitel des Richterbuchs (Richt. 1, 19): “Adonai nahm das Gebirge ein, aber die Einwohner der Täler konnte er nicht überwinden, weil sie Sichelwagen hatten.“ Also war der Judengott damals ein Lokalgott, der im Gebirge etwas vermochte, aber nichts in der Ebene, wie die anderen kleinen Landesgötter jeder seinen Bezirk von ein paar Meilen beherrschten, so Chamos, Moloch, Remphan, Belphegor, Astaroth, Baal-Berith, Baal-Zebuth und andere Knirpse.

Weiterer, noch stärkerer Beweis aus den Propheten: Keiner von ihnen zitiert die Gesetze des Leviticus oder des Deuteronomiums; aber mehrere versichern uns, daß die Juden nicht Adonai in der Wüste anbeteten, sondern andere Lokalgötter. Jeremias (49, 1) sagt, der Herr Melchom habe sich des Landes Gad bemächtigt, so daß also Melchom als Gott anerkannt wird, und zwar so sehr, daß Salomo ihm opfert, ohne daß ein Prophet ihm einen Vorhalt macht. Noch etwas Stärkeres sagt Jeremias (7, 22), wenn er Gott sprechen läßt: „Ich habe euren Vätern, als ich sie aus Ägypten führte, nicht geboten, mir Brandopfer und andere Opfer darzubringen." Kann man deutlicher reden? Aber Amos (Amos 5, 25) geht noch weiter und läßt Gott sagen: „Haus Israel, habt ihr mir in der Wüste die vierzig Jahre lang Schlachtopfer und Speiseopfer geopfert? Ihr trugt das Tabernakel eures Moloch, das Bild eurer Götzen und den Stern eures Gottes." Bekanntlich hatten die Völkchen jener Landstriche in Ermangelung von Tempeln Wandergötter in kleinen Koffern, die wir Arche nennen. Einige verehrten Sterne und trugen Sterngötterbilder in ihren Koffern herum. Dem Exodus und Leviticus zum Trotz sagt noch der heilige Stephan in seiner Rede an den Sanhedrim (Acta 7, 43): "Ihr habt das Tabernakel Molochs getragen und den Stern eures Gottes Remphan, die Bilder, die ihr gemacht habt, sie anzubeten."

Nun kann man einwenden, daß die Verehrung von Melchom usw. ein Abfall war. Aber ein Abfall, der vierzig Jahre dauert, und die Anbetung so vieler anderer Götter später beweisen, daß die jüdische Religion sehr lange brauchte, bis sie ihre Gestalt gewann.

Wie das Christentum entstand

Die christliche Sekte gleicht in ihren Anfängen unsern Quäkern . Dann kam der Platonismus und mengte die Hirngespinste seiner gewaltigen Metaphysik dem galiläischen Fanatismus bei. Endlich brachte der römische Oberpriester einen Despotismus nach Art der Kalifen auf.

Es ist klar, daß wir Plato die ganze Metaphysik des Christentums verdanken; alle griechischen Kirchenväter waren zweifellos Platoniker.

Man hat nicht genügend beachtet, daß die Zeit Alexanders d. Gr. einen Umschwung nicht bloß auf politischem, sondern auch auf geistigem Gebiet bedeutet. Ein neues Licht, das von Athen ausging, erleuchtete Europa, Asien und einen Teil von Nordafrika. Die erhabenen Gedanken Platos vom Dasein einer Seele, ihrem Unterschied von der tierischen Maschine, ihrer Unsterblichkeit mit Lohn und Strafe nach dem Tod drangen zuerst bei den hellenistischen Juden in Alexandria ein, die sie dann den palästinensischen übermittelten. Die pharisäische Sekte nahm alle Lehren Platos an. Vorher war alles weltlich, stofflich, sterblich bei diesem rohen, fanatischen Volke gewesen.

Viele Gelehrte vermuten, das dem Johannes zugeschriebene Evangelium sei von einem platonischen Christen im Anfang des zweiten Jahrhunderts unserer Zeitrechnung geschrieben, der das Alte Testament weniger kannte als Plato, dem er sein ganzes erstes Kapitel entnahm.

Im katholischen Teil unseres christlichen Europa ist seit Karl d. Gr. bis auf unsere Zeiten der Krieg zwischen Imperium oder Sacerdotium die Grundkraft aller Umwälzungen; das ist der Faden, der durch das Labyrinth der neuen Geschichte hindurchführt.

So erbärmlich ist es um den Menschen bestellt, daß der Irrtum, wenn er sich einmal durchgesetzt hat und in dem Geld, das er einbringt, gut verankert ist, sich mit Macht weiter behauptet, selbst wenn er als solcher erkannt ist von allen vernünftigen Leuten und sogar von den Dienern des Irrtums selbst. Gewohnheit und Sitte und Brauch sind eben stärker als die Wahrheit. Es braucht neue Revolutionen der Geister, es braucht einen neuen Enthusiasmus, um den alten zu zerstören; sonst besteht der Irrtum weiter fort, anerkannt, ja triumphierend.

Das Urchristentum

Bayle hat mit Recht gesagt, ein Urchrist würde einen sehr schlechten Soldaten abgeben, und ein Soldat müsse ein sehr schlechter Christ sein. Das Gesetz der Juden freilich sagt ausdrücklich: Wenn ihr in das Land kommt, das ihr besitzen sollt, so erwürgt erbarmungslos Greise, Frauen und Kinder an der Mutterbrust, selbst noch das Vieh. Euer Gott befiehlt euch das. Dieser Katechismus wird nicht einmal, nein zwanzigmal verkündigt, und er wird stets befolgt. Jesus predigt Verzeihung gegen den Beleidiger, Geduld, Sanftmut, Leiden, stirbt den Tod eines Verbrechers und will, daß seine Jünger auch so sterben. Nun sagt mir – Hand aufs Herz – ob der heilige Matthäus, der heilige Andreas usw. unter die kaiserlichen Kürassiere oder unter die Trabanten Karls XII. hätten eingereiht werden können. Der heilige Petrus selbst, obwohl er dem Malchus das Ohr abhieb, hätte er einen guten Rottenmeister abgegeben? Vielleicht ist der heilige Paulus, der das Unglück hatte, ein blutdürstiger Verfolger zu sein, der einzige, der ein Krieger hätte werden können. Mit seinem stürmischen Temperament und seinem hitzigen Geist hätte er vielleicht einen furchtbaren Feldhauptmann gegeben. Und trotzdem suchte er sich an Gamaliel nicht mit den Waffen zu rächen. Er folgte den Vorschriften Christi, er litt, es wurde ihm sogar, wenn man glauben darf, was man sagt, der Kopf abgeschlagen. Also: aus Christen ein Heer zu bilden in den Urzeiten, das wäre der reinste begriffliche Widerspruch gewesen.

Bibelkritik

Ich weiß eine nette Geschichte, die man schreiben könnte, ich meine die der Widersprüche. Sie sind im Schwang seit Lukas und Matthäus, oder vielmehr seit Mose. Das wäre etwas höchst Interessantes, wenn man dieses Ärgernis des menschlichen Geistes den Leuten einmal vor die Augen rücken würde. Man hätte bloß zu lesen und abzuschreiben; es gäbe ein sehr unterhaltsames Werk; auf jeder Zeile gäbe es etwas zum Lachen. Moses sagt, er habe Gott von Angesicht zu Angesicht gesehen und er habe ihn nur von hinten gesehen; er verbietet die Heirat mit der Schwägerin und er gebietet die Heirat mit der Schwägerin. Er will, man solle an Träume nicht glauben und seine ganze Geschichte ist auf Träume aufgebaut. Kurz, auf jeder Seite, von der Genesis an bis zum Tridentiner Konzil, finden Sie diesen Stempel der Lüge.

Die Ereignisse, die im Pentateuch erzählt werden, machen diejenigen oft etwas stutzig, die das Unglück haben, nur nach ihrer Vernunft zu urteilen und in denen diese blinde Vernunft nicht durch eine besondere Gnade erleuchtet ist. Man bemerkt mit einiger Überraschung, daß Gott täglich mittags im Garten Eden spazierengeht, in dem die Quellen von vier ungeheuer weit voneinander entfernten Flüssen einen Springbrunnen bilden; daß die Schlange mit Eva spricht, in Anbetracht der Tatsache, daß sie das listigste der Tiere ist, und daß eine Eselin, die nicht für so listig gilt, mehrere Jahrhunderte später auch spricht; daß Gott das Licht von der Finsternis schied, die also, scheint es, ein wirklicher Gegenstand war; daß er das Licht, das von der Sonne ausgeht, vor der Sonne selbst schuf; daß er zuerst Mann und Weib schuf und dann das Weib aus einer Rippe des Mannes zog; daß er Adam zum Tod verurteilte und seine ganze Nachkommenschaft zur höllischen Verdammnis wegen eines Apfels; daß Gott an Kain, der seinen Bruder ermordet hatte, ein Schutzzeichen machte, und daß dieser Kain fürchtet, von den Menschen erschlagen zu werden, die damals die Erde bevölkerten, in der das Menschengeschlecht auf die Familie Adam beschränkt war; daß alle Tiere der Erde sich ein Jahr lang in eine Kiste haben einschließen lassen; daß Gott 600.000 Kombattanten seines Volks aus der Knechtschaft in Ägypten befreit; daß diese 600.000 Kombattanten nach den großartigsten Wundern, welche die ägyptischen Zauberer freilich geradeso verrichten, die Flucht ergreifen, statt mit ihren Feinden zu kämpfen, daß sie auf der Flucht nicht den Weg zu dem Land einschlagen, in das Gott sie führt, daß Gott ihnen das Rote Meer öffnet, das sie trockenen Fußes durchziehen, um dann aber doch nicht ins gelobte Land zu kommen, sondern in scheußlichen Wüsten zugrunde zu gehen; daß dieses Volk unter der Hand und unter den Augen Gottes den Bruder Moses um ein goldenes Kalb bittet, um es anzubeten; daß 23.000 Menschen dieses Volks sich von Leviten erwürgen lassen zur Strafe für die Errichtung dieses goldenen Kalbes, während Aaron, der es gegossen hatte, zur Belohnung zum Hohepriester ernannt wird; daß man 250.000 Menschen hier und 14.700 Menschen dort verbrannte, weil sie Aaron das Weihrauchfaß streitig gemacht hatten, und daß bei einer anderen Gelegenheit Mose noch einmal 24.000 Menschen seines Volks umbrachte.

Wenn man sich an die einfachen Gesetze der Physik hält und sich nicht in den göttlichen Bereich erhebt, so kann man sich nur schwer vorstellen, daß es ein Wasser geben soll, bei dessen Genuß ehebrecherische Frauen platzen, das aber treuen Frauen nicht schadet (Mose 2, 20). – Noch mehr staunt man, daß das jüdische Volk in einem Dorf des Ländchens Madian 65.000 Lämmer, 72.000 Ochsen, 61.000 Esel, 32.000 Jungfern findet; und man schaudert, wenn man liest, daß die Juden auf Befehl des Herrn alle männlichen Wesen und alle Witwen, die Ehegatten und die Mütter niedermetzelten und nur die Mädchen behielten.

Die Sonne, die am hellen Mittag stehen bleibt, um den Juden mehr Zeit zu lassen, die Amoriter umzubringen, die schon durch einen Steinregen vom Himmel umgebracht waren; der Jordan, der sein Bett auftut wie das Rote Meer, um die Juden durchzulassen, die so bequem auf einer Furt durchgehen konnten, so viel Wunder jeder Art erfordern das Opfer der Vernunft und den allerlebhaftesten Glauben.

Die Geschichte der Könige ist ein Gewebe von Grausamkeiten und Mordtaten, daß einem das Herz blutet. Fast alle Tatsachen sind unglaublich. Der erste König Saul findet bei seinem Volk nur zwei Schwerter vor, und sein Nachfolger David hinterläßt mehr als 20 Milliarden bar Geld.

Die Propheten sind nicht weniger abstoßend für einen Mann, der nicht die Gabe hat, in den verborgenen, allegorischen Sinn der Weissagungen einzudringen. Er sieht mit Bedauern, wie Jeremias sich mit einem Sattel und einem Kummet belädt und sich mit Stricken binden läßt, Hosea, dem Gott in ausdrücklichen Worten anbefiehlt, er solle Hurenkinder zeugen mit einer öffentlichen Hure, Jesaja, der ganz nackt auf offenem Platz einherspaziert; Ezechiel, der sich 380 Tage lang auf die linke Seite legt und 40 Tage auf die rechte, der ein Pergamentbuch verzehrt und der sein Brot mit Menschenkot und dann mit Kuhmist bestreicht. Gewiß, wenn der Leser die Bräuche des Landes und die Methoden des Weissagens nicht kennt, dann nimmt er leicht ein Ärgernis; und wenn er sieht, wie Elisa 40 Kinder von Bären verzehren läßt, weil sie ihn Kahlkopf nannten, so kann eine Strafe, die so wenig im Verhältnis zur Verfehlung steht, ihm mehr Abscheu als Respekt einflößen.

„Scheinbare Schwächen sind recht verstanden Stärken. Beispiele: die beiden Geschlechtsregister Jesu in Matthäus und Lukas: Es ist doch klar, daß das nicht abgekartet war.“ So Pascal . Was denken Sie von einem Advokaten, der sagt: „Die Aussagen meiner Partei widersprechen sich. Aber diese Schwäche ist recht verstanden eine Stärke.“?

Guten Tag, lieber Freund Hiob, du bist eines der ältesten Originale, das uns in Büchern begegnet. Du warst kein Jude; man weiß, daß das Buch, das deinen Namen trägt, älter ist als der Pentateuch. Du wohntest an den Grenzen Chaldäas. Kommentatoren, die ihres Gewerbes wert sind, versichern, du habest an die Auferstehung geglaubt, weil du auf deinem Dunghaufen gelagert in deinem neunzehnten Kapitel gesagt hast, du werdest dich eines Tags wieder davon erheben. Ein Kranker, der auf seine Heilung hofft, erhofft darum noch keine Auferstehung. Aber ich will von anderen Sachen mit dir reden.

Gestelle nur, daß du sehr schwatzhaft warst; deine Freunde allerdings noch viel mehr als du. Man sagt, du habest 7.000 Schafe, 3.000 Kamele, 1.000 Ochsen und 500 Eselinnen besessen. Ich will die Bilanz für dich aufmachen:

7.000 Schafe zu 3 Livres	10 Soll das Stück	22.500 Livres	gibt 22.500 Livres (in Tours geprägt)
Ich schätze die 3.000 Kamele	zu 50 Talern das Stück	450.000 Livres	
3.000 Ochsen können, wenn man eins ins andere rechnet, nicht angeschlagen werden unter		80.000 Livres	
Und 500 Eselinnen	zu 20 Franken die Eselin	10.000 Livres	
Das Ganze beläuft sich auf		562.500 Livres	Ungerechnet dein Mobiliar, deine

Ringe und
Pretiosen.

Ich bin viel reicher gewesen als du; und obwohl ich einen großen Teil meines Vermögens verloren habe und krank bin wie du, habe ich doch nicht mit Gott gehadert, wie dir das deine Freunde manchmal vorzuwerfen scheinen.

An Satan will mir durchaus nicht gefallen, daß er, um dich zur Sünde zu verleiten und dir Gott aus dem Sinn zu bringen, um die Genehmigung bittet, dir dein Vermögen zu nehmen und dir die Krätze anzuhängen. In diesem Zustand halten sich die Menschen immer an die Gottheit; nur die Glücklichen vergessen sie. Satan kannte die Welt noch nicht recht; er hat sich seither besser gebildet. Wenn er jetzt einen packen will, so macht er aus ihm einen Generalsteuerpächter oder womöglich noch etwas Besseres.

Deine Frau war eine freche Person. Aber deine sogenannten Freunde Eliphas, gebürtig aus Theman in Arabien, Baldad von Suez und Sophar von Nahamath waren noch viel unausstehlicher als sie. Sie ermahnten dich zur Geduld auf eine Weise, die den Sanftmütigsten rasend machen könnte vor Ungeduld; sie halten dir lange Predigten, die noch langweiliger sind als die von dem Spitzbuben V. .. in Amsterdam gehaltenen.

Es ist wahr, du selbst weißt nicht recht, was du sagen willst, wenn du ausrufst: „Mein Gott, bin ich ein Meer oder ein Walfisch, daß ich von dir in einen Kerker eingeschlossen werde?“ Aber deine Freunde sind im gleichen Fall, wenn sie dir antworten: „Kann auch das Schilf aufgrünen ohne Feuchtigkeit und das Gras der Wiesen wachsen ohne Wasser?“ Diese Axiome sind ohne den geringsten tröstenden Wert. Sophar von Nahamath wirft dir vor, du seiest ein Schwätzer; aber keiner dieser guten Freunde leiht dir einen Taler. So hätte ich nicht an dir gehandelt. Freilich, nichts ist gewöhnlicher als Leute, die Ratschläge erteilen und nichts seltener als solche, die Hilfe leisten. Das ist was rechtes, wenn man drei Freunde hat und keinen Tropfen Fleischbrühe von ihnen bekommt, wenn man krank ist. Ich denke, als dir Gott deinen Reichtum und deine Gesundheit wieder gab, wagten diese beredten Herrschaften nicht mehr, vor dir zu erscheinen. Darum sind „Hiobsfreunde" auch sprichwörtlich geworden.

Gott war sehr unzufrieden mit ihnen und sagt ihnen in Kapitel XLII gerade ins Gesicht: sie seien langweilig und unweise; und er verurteilt sie zu einer Strafe von sieben Stieren und sieben Widdern, weil sie dummes Zeug geredet haben. Ich hätte sie verurteilt, weil sie ihrem Freund nicht geholfen haben.

Sage mir doch auch, bitte, ob es wahr ist, daß du noch 140 Jahre nach dieser Geschichte gelebt hast. Das sehe ich gerne, wenn brave Leute so lange leben; heute müssen die Leute große Spitzbuben sein; so kurzlebig sind sie. (Von einem Kranken in Bad Aachen.)

Gegen den Fanatismus

Der Fanatismus ist die Wirkung eines irrenden Gewissens, welches die Religion unter die Launen der Phantasie und unter die Leidenschaftlichkeit knechtet. Er kommt im allgemeinen von den Fehlern, die die Gesetzgeber machen, ihrer Beschränktheit oder ihrer Maßlosigkeit. Ihre Gesetze waren nur auf eine bestimmte Gesellschaft eingestellt. Wurden sie vom Religionseifer auf ein ganzes Volk übertragen oder durch den Ehrgeiz von Zone zu Zone verbreitet, so sollten sie sich abwandeln und sich den Umständen und den Menschen anpassen. Aber was geschah? Beschränkte Köpfe, die ganz gut passen für die kleine Herde, nehmen diese Gesetze mit Begeisterung auf, werden Apostel für sie, Märtyrer sogar, lieber als daß sie ein Jota davon abließen. Andere dagegen, weniger leidenschaftlich und mehr anhänglich an ihre anerzogenen Vorurteile, kämpfen gegen das neue Joch und wollen es sich nicht in seiner vollen Schwere gefallen lassen. Daher dann die Spaltung zwischen den Engherzigen und den Gemäßigten und der wütende Kampf der einen für die Knechtung, der andern um die Freiheit.

Denken wir uns einen ungeheuren Rundplatz, ein Pantheon mit tausend Altären, und unter der Kuppel Anhänger aller Sekten, verschwundener und noch bestehender, zu den Füßen der Gottheit, die sie verehren, jeder nach seiner Fasson, unter allen den seltsamen Formen, wie die Phantasie sie aushecken mochte. Rechts haben wir einen Beschaulichen, der auf seiner Matte, den Nabel nach oben gerichtet, wartet, bis das himmlische Licht von seiner Seele Besitz ergreift. Links ist ein Besessener, der am Boden ausgestreckt mit der Stirn auf die Erde stößt, um ihr ihre Fülle zu entlocken. Dort haben wir einen Hanswurst, der auf dem Grabe seines angebeteten Heiligen tanzt; hier einen Büßer, starr und stumm wie das Standbild, vor dem er sich in den Staub wirft. Der eine stellt das den Blicken aus, was das Schamgefühl verbirgt, weil Gott sich seines Ebenbildes nicht schäme; der andere verhüllt auch noch sein Gesicht, als ob der Werkmeister sein Werk verabscheue. Ein anderer kehrt dem Süden den Rücken, weil da der Teufelswind herweht; wieder einer breitet die Arme gen Osten, weil Gott da sein Strahlenantlitz zeigt. Junge Mädchen züchtigen unter Tränen ihr noch unschuldiges Fleisch, um den Dämon der sinnlichen Begierde niederzuhalten durch Mittel, die ihn eher aufregen; andere flehen in ganz anderen Posen, flehen um die Herabkunft der Gottheit. Ein junger Mann will das Werkzeug seiner Mannheit abtöten und hängt Eisenringe daran, so schwer er sie noch ertragen kann; ein anderer will die Versuchung in der Quelle selbst ersticken, nimmt eine barbarische Amputation vor und hängt die Siegesbeute seiner Opferung am Altar auf.

Und nun seht, wie sie alle zum Tempel hinausgehen, des Gottes voll, der sie umtreibt, und wie sie Entsetzen und Wahn über die Erde hin ausbreiten. Sie teilen sich in die Welt, und bald flammt das Feuer auf an allen vier Ecken; die Völker horchen auf, und die Könige zittern. Die Herrschaft eines einzigen Begeisterten über die Menge, die ihn sieht und hört, die Glut, die die Gemüter einer Gemeinschaft sich gegenseitig mitteilen, die stürmischen Erregungen, die jeder durch seinen eigenen Beitrag noch steigert, machen bald den Schwindelgeist allgemein. *Ein* verzücktes Volk, das hinter ein paar Schwindlern herläuft, genügt; mit der Ansteckung mehren sich die Wunder, und nun ist die ganze Welt verrückt. Hat der menschliche Geist einmal die helle Straße der Natur verlassen, so findet er sich nicht mehr zurecht; er schweift von der Wahrheit ab, läßt sich in die Irre führen von dem schimmernden Schein des Aberglaubens und taumelt nur tiefer in die Finsternis.

Es ist entsetzlich, wie die Einbildung, man könne den Himmel mit Schlächtereien versöhnen, sich, wenn sie einmal Wurzel gefaßt hat, allgemein und in fast allen Religionen verbreitet und wie man immer weiter Gründe herholt für solche Menschenopfer, damit nur ja niemand vor dem Messer sicher sei. Bald sind es Feinde, die man Mars, dem Würger, hinschlachten muß; die Scythen erdrosselten auf ihren Altären jeden hundertsten von ihren Gefangenen; an diesem Gebrauch des Sieges ersehe man, wie gerecht der Krieg ist; darum führte man ihn auch bei andern Völkern, nur um Opfermaterial zu bekommen; und so dienten die Kriege, die zuerst wohl Greuel sühnen sollten, zur Rechtfertigung von Greueln. Bald wieder sind es gerechte Menschen, die ein Barbarengott als Opfer fordert. Die Geten streiten sich um die Ehre, Zamolxis die Gelübde des Vaterlands darbringen zu dürfen. Wer vom freundlichen Geschick zum Opfer ausersehen ist, wird von den Armen der Genossen in aufgerichtete Spieße hineingeschleudert; ist der Stich der Speerspitzen tödlich, so ist das ein gutes Vorzeichen für die Gemeinde und den Mittler; überlebt er die Verwundung, so war es ein Bösewicht, mit dem die Gottheit nichts zu schaffen haben will.

Dann wieder sind es Kinder, von denen die Götter das Leben zurückverlangen, das sie ihnen eben verliehen haben; eine Gerechtigkeit, die nach unschuldigem Blut dürstet, sagt Montaigne. Oft ist es das teuerste Blut; die Karthager opferten Saturn ihre Söhne, gleich als ob sie ihnen nicht rasch genug vom Tod weggerafft würden. Oft ist es das edelste Blut: Amestris, die zwölf Menschen lebendig in die Erde eingraben ließ, um durch diese Opfergabe von Pluto ein längeres Leben zu erwirken, eben diese Amestris opfert eben dieser unersättlichen Gottheit noch einmal vierzehn Kinder aus den ersten persischen Häusern, weil die Opferpriester den Menschen stets zu verstehen geben, sie müssen dem

Altar ihr Teuerstes opfern. Nach diesem Grundsatz schlachtete man bei einigen Völkern die Erstgeborenen, die man bei andern Völkern durch Opferspenden loskaufen konnte, die den Dienern am Altar wertvoller waren. Darauf beruht wohl in Europa der jahrhundertealte Brauch, Kinder schon fünfjährig der Ehelosigkeit zu weihen und die Brüder des Erbprinzen im Kloster einzukerkern, statt sie zu erwürgen wie in Asien.

Dann wieder ist es das reinste Blut: Da sind die Inder, die Gastfreundschaft gegen alle Menschen üben und die sich ein Verdienst daraus machen, jeden tugendhaften und gelehrten Fremdling umzubringen, der bei ihnen durchkommt, damit seine Tugenden und Talente ihnen verbleiben. Bald ist es wieder das heiligste Blut: bei den meisten Götzendienern spielen die Priester am Altar die Rolle der Henker; bei den Sibiriern bringt man die Priester um, damit sie im Jenseits als Fürbitter für das Volk wirken.

Nun aber andere Schauspiele, andere Rasereien. Ganz Europa zieht nach Asien auf Wegen, triefend vom Blut der Juden, die sich eigenhändig den Tod geben, um nicht unter dem Schwert ihrer Feinde zu fallen. Diese Massenseuche entvölkert die bewohnte Welt um die Hälfte; Könige, Priester, Frauen, Kinder, Greise, alles fällt dem heiligen Schwindelgeist zum Opfer, der zwei Jahrhunderte lang zahllose Völkerscharen auf dem Grab eines Gottes des Friedens hinmordet. Da tauchen Lügenorakel auf; kriegerische Einsiedler, Herrscher auf Kanzeln und Prälaten in Feldlagern, alle Stände verschwimmen in einem einzigen betörten Pöbelhaufen. Berge und Meere sind keine Hindernisse; man verläßt sein ehrliches Erbteil und jagt Eroberungen nach im nicht mehr gelobten Lande; die Sitten entarten unter fremdem Himmel; Herrscher plündern erst ihre Reiche, um ein Land zu erkaufen, das ihnen nie gehört hatte, und richten sie vollends zugrunde, um sich selbst aus der Gefangenschaft loszukaufen; Tausende von Kriegern irren unter vielen Führern umher, von denen sie keinen gelten lassen, und durch Abfall besiegeln sie ihre Niederlage. ...

Derselbe Geist des Fanatismus nährte die Sucht nach Eroberung ferner Länder. Kaum hatte Europa seine Verluste verschmerzt, als die Entdeckung einer neuen Welt den Ruin der unsrigen beschleunigte.

Unter der schrecklichen Losung: „Geht aus und nötigt sie!“ wurde Amerika verwüstet und seine Bewohner ausgerottet; vergebens erschöpfte sich Afrika und Europa, um es wieder zu bevölkern. Da das Gift des Goldes und der Sinnenlust seine entnervende Wirkung geübt hatte, so verödete die Welt und drohte noch weiter zu veröden infolge der endlosen Kriege, die die Sucht, sich auf fernen Inseln festzusetzen, auf unserem Kontinent entzündete.

Zählen wir jetzt die Tausende von Sklaven, die der Fanatismus auf dem Gewissen hat, sei es in Asien, wo das Nichtbeschnittensein Ehr- und Rechtlosigkeit bedeutete, sei es in Afrika, wo der christliche Name ein Verbrechen war, sei es in Amerika, wo das Taufsakrament der Unmenschlichkeit zum Vorwand dienen mußte; zählen wir die Tausende, die man fallen sah auf den Schafotten in den Jahrhunderten der Verfolgung, in den Bürgerkriegen durch die Hand ihrer Mitbürger, oder von eigener Hand in sinnloser Selbstpeinigung. Schauen wir über die Erde hin auf das Gewimmel von Fahnen, die im Namen der Religion entfaltet wurden, in Spanien gegen die Mauren, in Frankreich gegen die Türken, in Ungarn gegen die Tataren, auf die Kriegerorden, die Ungläubige unter Schwertstreichen bekehren sollten und sich gegenseitig vor den Altären, die sie verteidigen sollten, erwürgten; und wenden wir nun unsere Blicke von diesem scheußlichen Richterstuhl, der sich über den Leibern der Unschuldigen und Unglücklichen erhebt, um die Lebenden zu richten wie Gott die Toten richten wird, aber mit ganz anderer Waage.

Mit einem Wort: alle Greuel von fünfzehn Jahrhunderten mehrfach in einem einzigen erneuert, wehrlose Völker hingewürgt am Fuß der Altäre, Könige erdolcht oder vergiftet, ein gewaltiger Staat um die Hälfte verringert durch seine eigenen Bürger, die kriegslustigste und die friedlichste Nation in sich selbst zerteilt, das Schwert gezückt zwischen Sohn und Vater, Thronräuber, Tyrannen, Henker, Vatermörder und Heiligtumsschänder, die alle göttlichen und menschlichen Verträge brechen der Religion zuliebe – das ist die Geschichte des Fanatismus.

Vom Dogma und vom Dogmenglauben

Man weiß, daß jede von der Kirche verkündete Glaubenslehre ein Dogma ist, das man annehmen muß. Es ist bedauerlich, daß es Dogmen gibt, die von der lateinischen Kirche angenommen und von der griechischen Kirche verworfen werden. Aber wenn die Glaubenseinheit fehlt, so tritt die Liebe an die Stelle: die Herzen vor allem sollten einig sein.

Wir dürfen, glaube ich, bei dieser Gelegenheit von einem Traum berichten, der einigen friedlich gesinnten Personen Freude gemacht hat.

Am 18. Februar des Jahres 1763 unserer Zeitrechnung, als die Sonne ins Zeichen der Fische trat, wurde ich in den Himmel entrückt, wie alle meine Freunde wissen. Nicht Mahomets Stute Borak war mein Reittier; nicht der Flammenwagen Elias war mein Gefährt; auch ritt ich nicht auf dem Elefanten des Siamesen Sammonocodom, auch nicht auf dem Roß des heiligen Georg, des Schutzpatrons von England, noch auf dem Schwein des heiligen Antonius. Ich muß in aller Einfalt gestehen, daß ich selbst nicht weiß, wie meine Fahrt vonstatten ging.

Daß ich ganz verblüfft war, wird man mir glauben; unglaublich wird man finden, daß ich sah, wie alle Toten gerichtet wurden. Und wer waren die Richter? Es waren, mit Verlaub zu sagen, alle diejenigen, die den Menschen Gutes erwiesen hatten, Konfuzius, Solon, Sokrates, Titus, die Antonine, Epiktet, Charron, de Thou, der Kanzler de l'Hospital; alle großen Männer, die die von Gott gebotenen Tugenden gelehrt und geübt hatten, schienen allein befugt zu sein, sein Urteil zu sprechen.

Ich sage nicht, auf welchen Thronen sie saßen, wie viele Millionen himmlischer Wesen vor dem ewigen Baumeister aller Welten anbetend lagen, welche Menge von Bewohnern dieser zahllosen Welten vor diesen Richtern erschien. Nur einige hochinteressante kleine Einzelheiten, die mir auffielen, will ich berichten.

Ich bemerkte, daß jeder Tote, der seine Sache vertrat und seine schönen Gefühle ins Feld führte, die Zeugen seiner Taten neben sich hatte. Als zum Beispiel der Kardinal von Lothringen sich rühmte, er habe einige seiner

Ansichten beim Konzil von Trient durchgesetzt, und als er zum Lohn für seine Rechtgläubigkeit das ewige Leben verlangte, da umringten ihn sofort zwanzig Kurtisanen oder Hofdamen, auf deren Stirn gezeichnet war, wie oft sie ein Schäferstündchen mit dem Kardinal gehabt hatten. Auch sah man die, die mit ihm die Liga begründet hatten; alle die Mitwisser seiner verderblichen Ränke drängten sich um ihn.

Gegenüber dem Kardinal von Lothringen stand Johannes Calvin, der sich in seiner groben Bauernsprache rühmte, wie er dem päpstlichen Götzen Fußtritte versetzt habe, nachdem andere ihn gestürzt hatten. „Ich habe“, sagte er, „gegen die Malerei und gegen die Bildhauerkunst geschrieben; ich habe einleuchtend gezeigt, daß die guten Werke nichts nütze sind, und habe bewiesen, daß es teuflisch ist, wenn man ein Menuett tanzt; jagt schnell den Kardinal von Lothringen von hier fort und setzt mich neben den heiligen Paulus!“ – Während er noch sprach, sah man neben ihm einen flammenden Scheiterhaufen, ein fürchterliches Gespenst mit einer halb verbrannten spanischen Halskrause trat aus den Flammen hervor und schrie entsetzlich: „Ungeheuer, greuliches Ungeheuer, zittere, erkenne in mir jenen Servet, dem du die grausamste Todesstrafe angetan hast, weil er mit dir anzubinden wagte in der Streitfrage, wie drei Personen eine Substanz bilden können.“ Da erging das Urteil der Richter, der Kardinal von Lothringen solle in den Pfuhl gestoßen werden, Calvin aber noch härter gestraft werden.

Ich sah eine unübersehbare Menge toter Menschen, die riefen: „Ich habe geglaubt, ich habe geglaubt.“ Aber auf ihrer Stirn stand geschrieben: „Ich habe getan!“ Und sie wurden verdammt.

Der Jesuit Le Tellier erschien stolz mit der Bulle *Unigenitus* in der Hand. Aber ihm zur Seite erhob sich auf einmal ein kleiner Berg von zweitausend geheimen Verhaftungsbefehlen. Ein Jansenist zündete sie an, Le Tellier wurde vom Feuer bis auf die Knochen verbrannt; und der Jansenist, der kein geringerer Ränkespinner gewesen war als der Jesuit, bekam auch sein Teil Brandwunden.

Rechts und links sah ich Scharen von Fakiren ankommen, von Talapoinen, von Bonzen, von Mönchen, weißen, schwarzen, grauen; alle hatten sich eingebildet, um dem höchsten Wesen den Hof zu machen, müsse man entweder singen, oder sich geißeln, oder nackt einhergehen. Da hörte ich eine schreckliche Stimme sie fragen: „Was habt ihr den Menschen Gutes getan?" Darauf trat düsteres Schweigen ein; keiner wagte zu antworten; und sie wurden alle ins Narrenhaus des Weltalls geführt, eins der größten Gebäude, das man sich denken kann.

Einer schrie: „An die Verwandlungen des Xaca muß man glauben"; ein anderer: „Nein, an die von Sammonocodom"; „Bacchus hielt Sonne und Mond in ihrem Lauf auf", sagte dieser; „die Götter haben Pelops wieder auferweckt", sagte jener. „Hier ist die Bulle *In Coena Domini*, rief ein Neuangekommener. Und der Gerichtsdiener rief immerzu: „Ins Narrenhaus! Ins Narrenhaus!"

Als alle diese Rechtssachen ins Reine gebracht waren, hörte ich die Verkündigung des folgenden Gerichtsbeschlusses: „Im Namen des Ewigen, des Schöpfers, Erhalters, Belohners, Bestrafers, Verzeihers usw., usw., sei allen Bewohnern der hunderttausend Millionen Milliarden Welten, die zu bilden uns gefallen hat, kund und zu wissen getan, daß wir niemals irgendeinen der besagten Bewohner nach seinen verrückten Vorstellungen richten werden, sondern einzig und allein nach seinen Taten; denn so ist es unser gerechter Wille."

Ich gestehe, das war das erste Mal, daß ich einen solchen Erlaß hörte; alle Erlasse, die ich bis jetzt auf dem Sandkörnchen gelesen hatte, auf dem ich geboren bin, endeten mit der Formel: „Denn so hat uns geruht zu belieben."

Der Dogmenzwist dramatisiert

Ein Jesuit, der den Chinesen predigt: Ich sage es euch, meine lieben Brüder, unser Herr will aus allen Menschen Gefäße der Erwählung machen; es hängt nur von euch ab, Gefäße zu werden. Ihr braucht nur auf der Stelle alles zu glauben, was ich euch predige. Ihr habt euern Geist, euer Herz, eure Gedanken, eure Gefühle in eurer Gewalt. Jesus Christus ist bekanntlich für alle gestorben; die Gnade ist allen gegeben. Wenn ihr nicht die Reue habt, so habt ihr wenigstens die Zerknirschung; und wenn es bei euch auch an der Zerknirschung fehlt, so habt ihr ja eure eigene Kraft und die meinige.

Ein Jansenist (kommt herzu): Das lügt Ihr, Kind Escobars und der Verdammnis! Ihr predigt hier Irrtum und Lüge. Nein, Jesus ist nur für einige gestorben; die Gnade ist nur wenigen gegeben; die Zerknirschung ist dummes Zeug; mit der Kraft der Chinesen ist es nichts; Eure Gebete sind Lästerungen; denn Augustin und Paulus ...

Der Jesuit: Schweige, Ketzer! Hebe dich weg, Feind des heiligen Petrus! Meine Brüder, hört nicht auf diesen Neuerer, der Augustin und Paulus zitiert! Kommt alle, daß ich euch taufe!

Der Jansenist: Nehmt euch wohl in acht, meine Brüder! Lasst euch nicht von der Hand eines Molinisten taufen; ihr würdet in die unterste Hölle verdammt. Ich werde euch frühestens in einem Jahr taufen, wenn ich euch gelehrt habe, was die Gnade ist.

Der Quäker: Ach, meine Brüder, lasst euch nicht taufen weder von der Tatze jenes Fuchses, noch von der Kralle dieses Tigers. Glaubt mir, es ist besser, sich überhaupt nicht taufen zu lassen; so halten wir es. Das Taufen mag sein Gutes haben; aber man kann es auch ganz wohl bleiben lassen. Das einzig Notwendige ist, daß man vom Heiligen Geist beseelt ist; ihr braucht nur zu warten, er wird kommen, und dann versteht ihr in einem Augenblick mehr als diese Schwätzer euch in ihrem ganzen Leben sagen können.

Der Anglikaner: Ach, meine geistlichen Schäflein; was für Ungeheuer wollen euch da verschlingen! Meine lieben Schäfchen, wißt ihr nicht, daß die anglikanische Kirche die einzig reine ist? Haben unsere Schiffskaplane, die in Kanton ihren Punsch trinken, euch das noch nicht gesagt?

Der Jesuit: Die Anglikaner sind Abtrünnige. Sie haben unserem Papst abgesagt, und unser Papst ist unfehlbar.

Der Lutheraner: Euer Papst ist ein Esel; das hat unser Luther gesagt. Meine lieben Chinesen, pfeift auf den Papst und auf die Anglikaner und auf die Molinisten und auf die Jansenisten und auf die Quäker, und glaubt nur den Lutheranern; sprecht bloß die Worte aus *in, cum, sub*; und trinkt vom besten.

Der Puritaner: Wir beklagen, meine Brüder, die Verblendung aller dieser Leute und die eure. Aber Gott sei Lob und Dank, der Ewige hat verordnet, daß ich nach Peking kommen sollte und an dem von ihm bestimmten Tag diesen Schwätzern das Maul stopfen; daß ihr auf mich hören sollt und daß wir alle miteinander das Nachtmahl morgens einnehmen; denn ihr sollt wissen, daß im vierten Jahrhundert der Zeitrechnung Dionysius des Kleinen … …

Der Muselmann: Ha! beim Tod Muhammeds! Was schwatzt ihr da alles! Wenn einer dieser Hunde sich noch einmal einfallen läßt zu bellen, so schneide ich ihnen allen die Ohren ab. Eure Vorhaut schenke ich euch; aber euch, meine lieben Chinesen, werde ich beschneiden; ich gebe euch acht Tage zur Vorbereitung. Wenn nachher sich noch einer von euch einfallen läßt, Wein zu trinken, so bekommt er es mit mir zu tun.

Der Jude: Ach, liebe Kinder, wenn ihr beschnitten sein wollt, so haltet euch lieber zuerst an mich; ich lasse euch Wein trinken soviel ihr wollt; aber wenn ihr so gottvergessen seid, etwas vom Hasen zu essen, der, wie ihr wißt, wiederkäut und keine gespaltenen Klauen hat, dann werde ich euch strafen mit der Schärfe des Schwertes, wenn ich der Stärkere bin, oder wenn ihr das vorzieht, werde ich euch steinigen, denn …

Die Chinesen: Ah! bei Konfuzius und den fünf Königen! Haben diese Leute alle den Verstand verloren? Kommen Sie, Herr Verwalter des kaiserlich chinesischen Staats-Narrenhauses und sperren Sie diese armen Narren ein, jeden in eine besondere Zelle.

Im Dreißigjährige Krieg unterstellte Ludwig XIII. auf den Rat des Jesuiten Caussin Frankreich dem Schutz der Mutter Gottes. Da auch das Haus Österreich Maria als Schutzpatronin hatte, so wäre die heilige

Jungfrau ohne die Waffen der Schweden und des Herzogs von Weimar in große Verlegenheit gekommen.

Kirchenpolitisches; das Problem Staat und Kirche

Wenn man das Unglück hat, in einem Staat eine Religion vorzufinden, die immer gegen den Staat ankämpft, indem sie sich in ihn eindrängt, die sich auf abergläubischen Meinungen aufbaut, welche lange Jahrhunderte aufgeschichtet haben, die als Soldaten viele Regimenter schwarzer, grauer, weißer Fanatiker hat, die besser bezahlt sind als die für das Vaterland blutenden Krieger; wenn diese Religion den Thron so oft beschimpft hat im Namen Gottes, wenn sie Bürger ihrer Güter beraubt hat im Namen Gottes, wenn sie die Weisen eingeschüchtert und die Schwachen verdummt hat, was ist dann zu machen? Man muß es halten wie ein Arzt, der eine schleichende Krankheit behandelt. Er will sie gar nicht auf der Stelle heilen; er würde seinen Kranken damit nur in eine lebensgefährliche Krise bringen. Er greift das Übel nicht gleich an der Wurzel an. Der Kranke erlangt nicht so bald eine völlige Gesundheit, aber mit Hilfe einer vernünftigen Diät wird sein Zustand erträglicher. So wird die Krankheit des Aberglaubens heute in England behandelt sowie im ganzen Norden, und zwar von großen Fürsten, ihren Ministern und den ersten Männern der Nation. – Je aufgeklärter ein Volk wird, um so mehr werden ihm die Nährmittel für seine alte Dummheit entzogen. Man lenkt die Menschen durch die öffentliche Meinung, und die öffentliche Meinung wandelt sich, wenn die Aufklärung sich ausbreitet. Je mehr die Kultur sich hebt, desto weniger braucht es religiöses Formenwesen.

Ein sehr bedeutender Prinz sagte mir vor zwei Monaten im Bad Aachen, er mache sich in aller Bescheidenheit anheischig, ein großes Volk ohne die Hilfe des Aberglaubens zu regieren. „Die Menschen sind eine Art von Affen, die man zur Vernunft dressieren kann, so gut wie zur Narrheit. Bisher hat man das letztere getan und sich nicht gut dabei befunden. Tun wir das gerade Gegenteil, dann wird auch die Wirkung die gegenteilige sein." Ich erwiderte ihm, nichts sei vernünftiger und leichter, nur werde er es nicht tun, weil er, einmal auf den Thron gelangt, von anderen Sorgen umgetrieben werde; und wenn er sein Volk zur Vernunft führen wolle, so werden seine Nachbarfürsten den alten Wahn dieses seines Volks gegen ihn unter die Waffen rufen. „Ausführen können Sie diesen großen Plan nur, wenn Sie hunderttausend siegreiche Krieger unter Ihren Fahnen haben; und auch dann zweifle ich, ob Sie ihn in Angriff nehmen. Zu einem solchen Vorhaben gehört Enthusiasmus in der Philosophie, und der Philosoph ist selten ein Enthusiast. Man müßte Liebe für die Menschheit empfinden, und ich fürchte, Sie denken, die Menschheit verdiene es nicht, geliebt zu werden. Sie werden sich damit begnügen, den Wahn unter Ihre Füße zu treten; aber den Dummköpfen werden Sie gestatten, sich vor ihm in den Staub zu werfen."

Was ich voraussagte, ist eingetroffen; die Frucht ist noch nicht ganz reif zum Pflücken.

Es ist Zeit, daß das Ungeheuer des Aberglaubens an die Kette gelegt wird. Die katholischen Fürsten beginnen allmählich, seine Übergriffe zurückzuweisen. Aber statt der Hydra die Köpfe abzuhauen, stutzen sie an ihrem Schwanz herum; sie erkennen noch zwei Gewalten an oder sie tun wenigstens noch so. Sie sind noch nicht kühn genug, zu erklären, daß die Kirche einzig von den Gesetzen des weltlichen Herrschers abhängen soll. Noch kauft man Dispense und zahlt Annaten. Ihre erlauchte Herrscherin allein macht es recht; sie bezahlt die Priester, sie öffnet ihnen das Mundstück, sie schließt es ihnen; sie stehen unter ihren Befehlen und alles ist in Ruhe und Ordnung.

Unser Ziel muß sein, die Fanatiker um ihren Einfluß bringen und die Engländer nachzuahmen, die schon ein Jahrhundert lang so weit sind.

Ich möchte, daß Sie die Infame zermalmen; das ist die Hauptsache, man muß sie in den Stand versetzen, in dem sie in England ist. Sie werden schon damit zurecht kommen. Das ist der größte Dienst, den man der Menschheit erweisen kann. Sie können sich wohl denken, daß ich nur vom Aberglauben rede; die Religion liebe und schätze ich wie Sie.

Wir müssen mit der Verachtung zufrieden sein, mit der jetzt die Infame in der ganzen guten Gesellschaft in Europa gestraft wird. Das wollte man, und das war das einzig Notwendige. Schuster und Mägde hat man nie aufklären wollen. Das hat man den Aposteln überlassen.

Das Volk braucht eine Religion, aber eine reinere und eine, in der der Staat mehr mitzusprechen hat. Daran arbeitet man ganz sachte in allen Staaten; alle Fürsten sind davon überzeugt.

Das Volk ist zwar sehr dumm; und doch dringt das Licht schon bis zu ihm durch; es gibt Philosophen schon in den Pariser Kramläden.

Bald werden wir einen neuen Himmel und eine neue Erde haben, ich meine für die gute Gesellschaft. Für das Gesindel ist der dümmste Himmel und die dümmste Erde gerade recht.

Ein Teil meiner Wünsche ist erfüllt; ich wollte nichts als Toleranz; um so weit zu kommen, mußte man die Dinge, derentwegen man sich nicht toleriert, so lächerlich machen, wie es sich gehört. So weit bin ich nicht gekommen, daß ich die Schätze von Notre Dame von Loretto an die Armen konnte austeilen lassen. Die Zeit wird auch kommen. Man wird einmal merken, daß ein altes Standbild aus verfaultem Holz so viele Edelsteine gar nicht braucht. *Dic lapidibus istis ut panes fiant* (Sage diesen Steinen, daß sie Brot werden).

Die Philosophen werden es eines Tags dahin bringen, daß die Fürsten alles wieder erhalten, was ihnen die Priester gestohlen haben; die Fürsten werden sie darum trotzdem in die Bastille stecken, wie wir ja auch die Ochsen schlachten, die uns unsere Felder gepflügt haben.

Es ist mir sehr betrüblich, daß der Erlaß zugunsten der Protestanten nicht durchgegangen ist. Gewiß sind die Hugenotten gerade solche Narren wie die Sorbonneler; aber man kann ein Narr sein, der für die Zwangsjacke reif ist; darum bleibt man doch Staatsbürger, und nichts wäre gescheiter, als wenn man es jedermann freistellte, ein Narr auf eigene Faust zu sein.

Der Landpfarrer nach dem Herzen Voltaires

Ariston: Nun, mein lieber Téotime, Sie wollen also Landpfarrer werden?

Téotime: Jawohl; man gibt mir eine kleine Gemeinde; das ist mir lieber als eine große. Mit meiner beschränkten Kraft könnte ich sicher nicht für siebzigtausend Seelen sorgen; ich habe selbst nur eine. Eine große Herde macht mir Angst; einer kleinen könnte ich etwas Gutes tun. Von der Rechtswissenschaft habe ich so viel studiert, daß ich, soviel an mir liegt, meine armen Pfarrkinder davor behüten kann, sich durch Prozessieren zugrunde zu richten. Soviel verstehe ich von der Landwirtschaft, daß ich ihnen hie und da nützliche Ratschläge geben kann. Der Gutsherr und seine Frau sind wackere Leute und keine Frömmler; sie werden mir helfen, Gutes zu tun. Ich hoffe, daß ich recht glücklich lebe, und daß man bei mir nicht unglücklich wird.

Ariston: Bedauern Sie nicht, daß Sie keine Frau haben? Wenn man gepredigt, gesungen, Beichte gehört, Messe gelesen, getauft, begraben, Kranke getröstet, Streitigkeiten geschlichtet, sein Tagewerk im Dienst des Nächsten verrichtet hat, dann wäre es doch recht tröstlich und angenehm, wenn Sie zu Hause eine liebreiche, brave Frau fänden, die für Ihre Wäsche und für Ihre Person Sorge trüge, die in gesunden Tagen Ihnen das Leben versüßen, in kranken Tagen Sie pflegen würde, die Ihnen hübsche Kinder schenkte, deren gute Erziehung für den Staat nützlich wäre. Ich beklage Sie, daß Sie bei Ihrem Dienst diesen Trost, den die Menschen so nötig haben, entbehren müssen.

Téotime: Die griechische Kirche legt ihren Pfarrern die Verehelichung sehr angelegentlich nahe; die anglikanische Kirche und die Protestanten folgen derselben Weisheit; die lateinische Kirche hat eine Weisheit ganz anderer Art; ich muß mich darein fügen. Vielleicht wird einmal ein Konzil menschenfreundlichere Gesetze geben, da doch heutzutage der philosophische Geist so große Fortschritte gemacht hat. Mittlerweile muß ich mich den bestehenden Gesetzen fügen. Das ist nicht leicht, ich weiß es; aber viele, die mehr wert waren als ich, haben sich unterworfen; so darf ich nicht murren.

Ariston: Sie sind ein Gelehrter und ein redekundiger Mann; wie wollen Sie aber vor einfachen Landleuten predigen?

Téotime: Gerade so, wie ich vor Königen predigen würde. Ich. werde immer sittliche und nie dogmatische Lehren vortragen. Gott bewahre mich, daß ich mich in die Tiefen der Gnade versenke, der mitwirkenden Gnade, der unwiderstehlichen Gnade, der man widersteht, der genügenden Gnade, die nicht genügt, daß ich untersuche, ob die Engel, die bei Abraham und bei Loth speisten, einen Leib hatten oder nur so taten, als ob sie essen; ob der Teufel Asmodäus wirklich in die Frau des jungen Tobias verliebt war, ob Christus zweitausend Teufel oder bloß zwei in den Leib von zweitausend Schweinen fahren ließ. So gibt es viele Dinge, die meine Zuhörerschaft nicht verstünde, und ich auch nicht. Ich will suchen, brave Menschen zu bilden und selbst einer zu sein. Theologen will ich keine heranbilden und es selber so wenig als möglich sein.

Ariston: So einen Pfarrer lobe ich mir. Ich will mir ein Landhaus in Ihrer Gemeinde kaufen. Sagen Sie mir doch, bitte, wie halten Sie es mit der Beichte?

Téotime: Die Beichte ist eine ausgezeichnete Einrichtung, die aus dem grauen Altertum stammt. Man beichtete bei allen Feiern der alten Mysterien; wir haben diesen weisen Brauch nachgeahmt und geheiligt. Die Beichte ist ein Zügel für die Verbrechen; sie kann die vom Haß verbitterten Herzen zur Verzeihung führen und die kleinen Diebe zur Wiedererstattung des dem Nächsten entwendeten Guts. Sie hat einige Schattenseiten. Es gibt viele taktlose Beichtväter, besonders unter den Mönchen, bei denen die jungen Mädchen manchmal mehr dumme Geschichten erfahren als bei der ganzen Dorfjugend. Keine Einzelheiten in der Beichte! Sie ist kein juristisches Verhör; sie ist das Schuldbekenntnis, das ein Sünder vor dem höchsten Wesen ablegt in die Hände eines anderen Sünders, der sich seinerseits anklagt. Dieses heilsame Bekenntnis ist nicht dazu da, die Neugierde eines Menschen zu befriedigen.

Ariston: Und der Kirchenbann: gibt es den auch bei Ihnen?

Téotime: Nein. Es gibt allerdings Kirchenbücher, in denen die Heuschrecken, die Zauberer und die Schauspieler gebannt werden. Ich werde den Heuschrecken den Eintritt in die Kirche nicht wehren, in Erwägung des Umstands, daß sie gar nicht hinein wollen. Die Zauberer werde ich nicht bannen, weil es gar keine gibt. Und die Schauspieler gar, die vom König ihr Gehalt beziehen und mit behördlicher Genehmigung spielen – ich werde mich wohl hüten, ihnen die Ehre abzuschneiden. Ihnen, als meinem Freunde, darf ich wohl gestehen, daß es mich zum Schauspiel hinzieht, wenn es in den Grenzen des Sittlichen bleibt. Den *Menschenfeind* von Molière liebe ich leidenschaftlich, ebenso wie alle Trauerspiele von sittlichem Gehalt. Der Gutsherr in meinem Dorf läßt in seinem Schloß einige dieser Stücke von jungen talentierten Personen aufführen. Diese Vorstellungen führen zur Tugend auf einem Weg, den man gerne geht; sie bilden den Geschmack und die Sprache. Ich sehe etwas sehr Harmloses, ja Wertvolles darin; ja, ich habe im Sinne, auch manchmal diesen Aufführungen beizuwohnen, um mich zu bilden, wenn auch in einer vergitterten Loge, um den Schwachen kein Ärgernis zu geben.

Ariston: Je mehr Sie mir Ihre Überzeugungen zeigen, um so mehr habe ich Lust, Ihr Pfarrkind zu werden. Nur ein wichtiger Punkt ist mir noch ein Problem. Wie wollen Sie die Bauern davon abhalten, sich an den Festtagen zu betrinken? Das ist bei ihnen ja die Hauptsache von der Feier. Da sieht man die einen gelähmt von dem flüssigen Gift, den Kopf auf die Knie gesenkt, mit hängenden Armen, sie sehen und hören nichts mehr und werden in diesem viehischen Zustand von ihren unglückseligen Weibern nach Hause geleitet, unfähig, am andern Tag zu arbeiten, oft krank und mehr und mehr vertierend. Andere sieht man, gereizt vom Wein, blutigen Streit anfangen und prügelnd und geprügelt diese scheußlichen Auftritte oft mit Mord beschließen, die eine Schande der Menschheit sind. Der Staat verliert mehr Untertanen durch Feste, als durch Schlachten; wie wollen Sie in Ihrer Gemeinde dieser Unsitte Einhalt tun?

Téotime: Da habe ich schon meinen Plan. Ich werde es ihnen erlauben, ja ich werde es ihnen nahelegen, daß sie auch am Festtage ihr Feld bestellen nach dem Gottesdienst, den ich in die Frühe verlegen werde. Der Müßiggang des Festtags treibt sie in die Schenke. Nicht die Werktage sind die Tage der Exzesse und der Totschlägerei. Mäßige Arbeit trägt zur Gesundheit des Leibs und der Seele bei; außerdem ist diese Arbeit wertvoll für den Staat. Nehmen wir fünf Millionen Männer an, die im Tagesdurchschnitt eine Arbeit im Wert von zehn Sou verrichten; und das ist noch wenig gerechnet. Diese fünf Millionen Menschen lassen Sie also dreißig Tage im Jahr ungenützt. Damit verliert der Staat dreißigmal fünf Millionen Zehnsoustücke. Sicher hat Gott weder diesen Verlust noch die Sauferei angeordnet.

Ariston: Also so vereinigen Sie Beten und Arbeiten; Gott befiehlt das eine wie das andere, und Sie dienen Gott wie dem Nächsten. Aber wie steht es mit den kirchlichen Streitigkeiten? Welche Partei ergreifen Sie da?

Téotime: Gar keine. über die Tugend streitet man nicht; denn sie kommt von Gott; über Meinungen zankt man, sie kommen von den Menschen.

Ariston: Das heiße ich mir einen guten Pfarrer. Den lobe ich mir!

Losungsworte und Taktik

Wenn einmal eine Nation zu denken beginnt, ist es unmöglich, sie daran zu hindern. In diesem Jahrhundert wird der Siegeslauf der Vernunft beginnen. Die Jesuiten und die Jansenisten, die Heuchler im Richterstand und bei Hof mögen schreien soviel sie wollen, bei den Gebildeten werden sie nur auf Verachtung stoßen. Es ist im Interesse des Königs, daß die Zahl der Philosophen wächst und die der Fanatiker abnimmt. Wir sind ruhig, und diese Leute sind Störenfriede; wir sind Bürger, und sie sind Empörer; wir pflegen die Vernunft in Ruhe und Frieden, und sie verfolgen sie. Sie mögen einige gute Bücher verbrennen, aber wir bringen es zustande, daß sie in der guten Gesellschaft keinen Respekt mehr genießen; und die gute Gesellschaft allein beherrscht die öffentliche Meinung.

Ihr Held Fontenelle hat gesagt: Und wenn er die Hand voller Wahrheiten hätte, er würde keine herauslassen. Er hatte das nämlich schon getan, und man hatte ihm auf die Finger geschlagen. Indessen macht diese so lange verfolgte Vernunft täglich Fortschritte. Es wird in Frankreich gehen wie es in England gegangen ist. Wir haben von den Engländern so viel entlehnt, wir entlehnen ihnen auch ganz sachte ihre edle Denkfreiheit und ihre tiefe Verachtung der scholastischen Albernheiten. Die jungen Leute bilden sich; diejenigen, die für die führenden Stellungen bestimmt sind, haben sich von den heillosen Vorurteilen freigemacht, die ein Volk erniedrigen. Immer wird es einen großen Haufen von Dummköpfen geben und eine Menge Spitzbuben; aber die Minderheit der Denker wird sich in Respekt setzen. Was tut's, wenn unser Schneider und unser Sattler vom Bruder Croust oder vom Bruder Berthier geleitet werden. Die Hauptsache ist, daß die Gesellschaft, in der sie leben, aufgeklärt ist und daß der Jansenist und der Molinist die Augen niederschlagen muß vor dem Philosophen. Es ist das Interesse des Königs und des Staates, daß die Philosophen die Gesellschaft lenken; sie flößen die Liebe zum Vaterland ein; die Fanatiker stiften immer Unfrieden an.

An Condorcet: : Ein großer Hofmann schreibt mir, die neue Philosophie werde, wenn man ihr nicht steuere, eine fürchterliche Revolution heraufführen. Dieses Geschrei wird verstummen, die Philosophie wird bleiben. Es ist unmöglich, das Denken zu hindern; je mehr man denkt, um so weniger elend werden die Menschen sein. Sie werden schöne Tage sehen; Sie werden sie heraufführen. Meine letzten Tage werden erhellt von diesem Gedanken.

Die gesunde Philosophie gewinnt Boden von Archangelsk bis Cadix; aber unsere Feinde haben für sich den Tau des Himmels und das Fett der Erde, die Bischofsmütze, und den Geldkasten, das Schwert und das Gesindel.

Nicht zerstören will man die – Sie wissen schon was. Was auf viel Geld und Ehre gegründet ist, ist auf Felsen gebaut. Man will ja nur den Geist derer, die dieses Geld und diese Ehre genießen, etwas dämpfen.

Aus einem Brief an Helvétius: Mit Schmerzen sehe ich, daß Sie an der gemeinsamen Sache verzweifeln. Ein General wie Sie muß den Heeren Vertrauen einflößen. Fassen Sie Mut, kämpfen Sie; ich stehe für den Sieg ein. Sehen Sie nicht, daß der ganze Norden für uns ist und daß die feigen Fanatiker des Südens über kurz oder lang zuschanden werden. Die Kaiserin von Rußland, der König von Polen, der König von Preußen, der das abergläubische Österreich geschlagen hat, haben die Fahne der Toleranz und der Philosophie gehißt. Seit zwölf Jahren hat sich ein merklicher Umschwung in den Geistern vollzogen. Gute Bücher erscheinen Schlag auf Schlag. Das Licht breitet sich nach allen Seiten aus. Ich weiß wohl, die geltende Priesterherrschaft wird man nicht zerstören, da das Volk eine braucht. Man wird die herrschende Sekte nicht abschaffen, aber man wird sie etwas weniger herrschend und weniger gefährlich gestalten. Das Christentum wird vernünftiger werden, folglich weniger verfolgungssüchtig. Man wird die Religion in Frankreich behandeln wie in England und Holland, wo sie möglichst unschädlich gemacht ist. – Klären Sie die Menschen auf; aber leben Sie glücklich! Mir vor allen anderen liegt Ihr Glück am Herzen; aber ich glaube, es wird erst dann vollkommen sein, wenn Sie – ohne tollkühn zu sein – den Irrtum zuschanden gemacht haben. Wenn man sich selbst im Geheimen das sagen darf, das ist einer der edelsten Genüsse. Ihr feiger Fontenelle lebte nur für sich; leben Sie für sich und für die andern! Er dachte nur daran Geist zu zeigen; brauchen Sie Ihren Geist, die Menschheit aufzuklären!

Sie sollten mir ein Verzeichnis unserer Feinde schicken und zwar mit der Bemerkung ihrer komischen Seiten; das wird ein bißchen lang ausfallen, aber man muß schon fürs Wohl des Vaterlands arbeiten. Gerne hätte ich ein bißchen Tatsachen; ich möchte sogar die Vornamen haben, wenn es zu machen wäre. Die Namen der Heiligen machen in Gedichten immer einen guten Eindruck.

Jetzt kann man zu den Philosophen sagen, was man zu den Gerichtsdienern sagte, und was der heilige Johannes den Christen sagte: Kinder, liebet euch untereinander; wer zum Teufel sollte euch sonst lieben!

Man muß auch etwas wagen können. Die Philosophie ist es wert, daß man Mut hat; es wäre eine Schande, wenn ein Philosoph keinen hätte, da doch unsere Tagelöhnersöhne um vier Sou im Tag in den Tod gehen. Wir haben nur zwei Tage zu leben. Es wäre nicht der Mühe wert, sie damit hinzubringen, vor verächtlichen Spitzbuben zu kriechen. Leben Sie wohl, mein lieber Philosoph; sehen Sie als Ihren Nächsten nur den an, der zu den Denkenden gehört; und betrachten wir die übrigen Menschen wie die im Wald hausenden Wölfe, Füchse und Hirsche!

Es scheint, die Anklageschrift von Abraham Chaumeix hat unserem Freund Helvétius die drei Finger gelähmt, mit denen man die Feder hält. Wußte er denn nicht, daß man der Infamie Stiche versetzen kann, ohne daß man seinen Namen in den Dolch gravieren läßt?

Ich werde nicht mehr von den Früchten des Toleranzbaums essen, den ich gepflanzt habe. Ich habe keine Zähne mehr.

Kämpfen Sie weiter für den guten Geschmack und den gesunden Verstand. Mahnen Sie ohne Unterlaß alle Philosophen, Schulter an Schulter gegen den Feind anzustürmen. Wenn sie einig sind, werden sie die Herren der Nation.

Der Fanatismus ist sehr rasch bei der Hand, immer, wenn er sich ein bißchen gekratzt fühlt. Dieses Scheusal hat Angst vor der Vernunft, wie die Schlangen vor den Störchen.

Ich will ganz gerne Bekenner sein; Märtyrer werden will ich nicht.

Es braucht nur zwei bis drei mutige Menschen, um den Geist einer Nation zu ändern.

Gegen das *Système de la Nature*: Es scheint mir absurd, wenn man intelligente Wesen aus reiner Materie und Bewegung herleiten will, die doch nicht intelligent sind.

Friedrich ist böse, daß die Philosophen keine Royalisten mehr sind. Und ich muß auch sagen, ich finde diese Herren auch ungeschickt. Sie greifen Gott *und* den Teufel zugleich an, die Priester *und* die Großen. Wer oder was bleibt ihnen dann?

Über ein polemisches Werk Condorcets: Ich kann nicht billigen, daß man die Priester ohne jede Einschränkung so schlecht behandelt. Es gibt unter ihnen sehr schöne Seelen, vernünftige und liebevolle Bischöfe und Pfarrer. Nie soll man einen ganzen Stand angreifen.

Menschenlos im Lichte Pascalscher und Voltairescher Gedanken

Pascal: „Wenn ich die Verblendung und das Elend des Menschen sehe, die Widersprüche in seiner Natur, das Schweigen des Weltalls und, in einem Winkel dieses Weltalls verloren, den hilf- und ratlosen Menschen, der nicht weiß, wer ihn da hineingesetzt hat, was er da zu tun hat, was aus ihm im Tode wird, dann schaudert es mich, wie jemandem, den man schlafend auf eine wüste, fürchterliche Insel gebracht hätte und der nun erwachte, ohne zu wissen woher und wohin. Dann muß ich oft staunen, wie man in einem so elenden Zustand sein kann, ohne zu verzweifeln."

Voltaire: Als ich diese Betrachtung las, erhielt ich einen Brief von meinem englischen Freund, in dem es heißt: „Ich bin noch immer so wie Sie mich kennen lernten, nicht heiterer und nicht trauriger, und nicht ärmer. Ich kann über meine Gesundheit nicht klagen und habe die Mittel zu einem angenehmen Leben; ohne Liebesleidenschaft, ohne Gier, ohne Ehrgeiz und ohne Neid. Solange es so steht, heiße ich mich ohne Bedenken einen glücklichen Menschen." So gibt es sicher noch viele. – Und ich, wenn ich mir Paris oder London ansehe, so finde ich wirklich keinen Grund, mich der Pascalschen Verzweiflung hinzugeben. Das sind Städte, die ganz und gar nicht öden Inseln gleichen. Sie sind volkreich, wohlhabend, hochkultiviert, und die Leute darin sind so glücklich, wie der Mensch es eben sein kann. Welcher vernünftige Mensch stürzt sich in Verzweiflung, weil er nicht alle Eigenschaften der Materie, weil er sein denkendes Wesen nicht durchschaut, weil ihm Gott seine Geheimnisse nicht geoffenbart hat. Gerade so gut könnte man darüber verzweifeln, daß man nicht vier Füße oder zwei Flügel hat.

Pascal: „Man denke sich eine Schar von Menschen in Ketten, zum Tode verurteilt. Alltäglich werden einige von ihnen hingeschlachtet vor den

Augen der anderen, die, einander hoffnungslos ansehen, bis die Reihe an sie kommt. Das ist das Bild des Menschenloses."

Voltaire: In Ketten liegen und hingeschlachtet werden, das ist nicht Menschenlos. Die Welt als einen Kerker ansehen und die Menschen als Verbrecher, die man zum Schafott führt, das sind Wahnvorstellungen eines Fanatikers. Die Welt für ein Schlaraffenland halten, in dem nur Genuß auf uns wartet, ist ein Sybaritentraum. Daß die Erde, die Tiere, die Menschen so sind wie sie sein sollen nach den Gesetzen der Vorsehung, das ist, dächte, ich, die Anschauung eines vernünftigen Menschen. Die Menschen sind wie die Tiere und die Pflanzen dazu da, zu wachsen, eine Zeitlang zu leben, ihresgleichen hervorzubringen und dann zu sterben. Die vom Hang zur Satire freie Vernunft lehrt uns, daß der Mensch das vollkommenste, das glücklichste und das am meisten langlebige aller Tiere ist. Nicht über das Elend und die Vergänglichkeit, nein, über das Glück und die Dauer unseres Lebens müssen wir uns wundern. Nur Hochmut und Anmaßung kann verlangen, daß es uns besser ergehen soll als es uns ergeht.

Pascal: „Alle Menschen möchten glücklich sein; das ist der Beweggrund alles menschlichen Tuns, auch derer noch, die sich töten oder hängen; und doch ist noch nie jemand zu diesem erstrebten Ziele gelangt. Alle klagen in allen Ländern, zu allen Zeiten, in allen Lebensaltern, in allen Lagen."

Voltaire: Ich weiß, es ist süß zu klagen; man hat zu allen Zeiten über die Gegenwart geschimpft. Nun komme ich aber aus meiner Provinz nach Paris. Man führt mich in einen sehr schönen Saal, in dem zwölfhundert Personen einer sehr schönen Musik lauschen. Darauf verteilt sich diese Versammlung in kleinere Gruppen, die ein sehr gutes Souper einnehmen, und nach diesem Souper pflegen sie nicht durchaus unzufrieden mit der Nacht zu sein. Ich sehe, wie alle schönen Künste in unserer Stadt geehrt, die unangenehmen Hantierungen sehr gut entlohnt werden. Gebrechlichkeit findet Unterstützung; den Unfällen beugt man vor. Jedermann genießt oder hofft zu genießen, und die Hoffnung ist nichts Schlechteres als der Genuß. Nun sage ich zu Pascal: „Mein großer Mann, sind Sie verrückt? Ich leugne nicht, daß sich Ströme von Leiden und Verbrechen über die Erde ergossen haben.“ Aber als Pascal schrieb, waren wir sicher nicht mehr so zu beklagen, und auch heute sind wir nicht mehr so elend.

Vom Wert des Lebens und vom Tod

Aus Briefen an Frau du Deffand

Lassen Sie sich das Leben nicht verekeln, denn wirklich, wenn man darüber nachsinnt, findet man, daß es nichts Besseres gibt. Freilich ist es nicht viel wert, das Leben; wir ertragen es nur kraft eines fast unüberwindlichen Triebs, den die Natur uns mitgegeben hat. Sie hat diesem Triebe aus dem Untergrund der Pandorabüchse noch die Hoffnung hinzugefügt.

Nur von Judas hat man meines Wissens gesagt, es wäre besser, wenn er nicht geboren wäre, und auch von ihm hat es nur das Evangelium gesagt. Das Leben ist sehr kurz und sehr elend; aber ich muß Ihnen sagen, daß ich einen dreiundzwanzigjährigen Verwandten bei mir habe. Er war schön, wohlgebaut, kräftig. Auf der Jagd stürzt er eines Tags vom Pferd; wegen einer Schenkelquetschung macht man ihm einen kleinen Einschnitt; und nun ist er gelähmt für den Rest seines Lebens, nicht bloß teilweise gelähmt, sondern so, daß er kein einziges Glied mehr rühren kann, nicht den Kopf kann er heben. Er weiß, daß es für ihn nicht einmal mehr ein Linderungsmittel gibt. Nun – er hat sich an seinen Zustand gewöhnt und liebt das Leben wie ein Narr.

Nicht als ob das Nichts nicht auch sein Gutes hätte. Seien wir übrigens unbesorgt! Gescheite Leute sagen, wir werden es zu kosten bekommen; sie sagen mit Seneka und Lukrez, wir werden nach unserem Tode sein, was wir waren, ehe wir geboren wurden. Aber das halte ich für unmöglich, daß wir das Nichts lieben bei allen seinen guten Eigenschaften.

Philosophieren wir einmal etwas über den Tod! Ganz sicher ist, daß man ihn nicht fühlt. Er und der Schlaf gleichen sich wie ein Ei dem andern. Nur der Gedanke, daß man nicht mehr aufwachen wird, ist das Bittere. Und der Todesapparat ist scheußlich, die Barbarei der letzten Ölung, die Grausamkeit, uns darauf aufmerksam zu machen, daß es aus ist mit uns. Was hat denn das für einen Sinn, daß man uns unser Urteil verkündigt. Es wird schon ohne Notar und Priester vollstreckt werden. Darum soll man seine Verfügungen zur rechten Zeit treffen und dann nicht mehr daran denken. Man sagt manchmal von einem Menschen, er sei gestorben wie ein Hund. Wahrlich, ein Hund ist recht glücklich, daß er ohne diesen Apparat sterben darf, mit dem man uns im letzten Augenblick des Lebens quält. Hätte man ein bißchen Liebe für uns, so ließe man uns sterben, ohne uns etwas zu sagen. Das Schlimmste dabei ist, daß man auch noch von Heuchlern umgeben ist, die einem zusetzen, man solle denken wie sie selbst – nicht denken, oder von Dummköpfen, die wollen, man solle so dumm sein wie sie. Da hat man beim Leben in Genf doch ein Vergnügen, daß man sterben kann wie man will.

Über den Selbstmord

Vor einigen Jahren besuchte mich in Paris ein Engländer, namens Bacon Morris, ein alter Offizier und ein sehr gescheiter Mann. Er litt an einer schmerzhaften, vermeintlich unheilbaren Krankheit. Nach einigen Besuchen kam er einmal zu mir mit einem Beutel und zwei Papieren. „Eins dieser Papiere“, sagte er, „ist mein Testament; das andere ist meine Grabschrift, und dieser Beutel mit Geld soll die Kosten meines Begräbnisses bestreiten. Ich habe mir vorgenommen, noch vierzehn Tage lang auszuprobieren, was Arzneien und Diät vermögen, um mir das Leben weniger unerträglich zu machen; hilft das nichts, so bin ich entschlossen, mich umzubringen. Begraben können Sie mich, wo Sie wollen. Meine Grabschrift ist kurz.“ Er zeigte sie mir; es waren die zwei Worte des Petronius, *Valete curae*; lebt wohl, ihr Sorgen! Glücklicherweise für ihn und für mich, der ich ihn gern hatte, wurde er wieder gesund und brachte sich nicht um. Sicher hätte er es getan, wie er gesagt hatte.

Ich will nicht untersuchen, ob der selige Herr Creech recht daran tat, auf den Rand seines Lukrez-Exemplars zu schreiben: "*Nota bene*; wenn ich mit meinem Buch über Lukrez fertig bin, muß ich mich umbringen", und ob er wohl tat, diesen Entschluß auszuführen. Ich will auch die Beweggründe meines alten Studienleiters, des Jesuiten Pater Bienassès, nicht zergliedern, der uns eines Abends Lebewohl sagte und am andern Morgen, nachdem er seine Messe gelesen und einige Briefe versiegelt hatte, sich aus dem dritten Stockwerk herunterstürzte. Jeder hat seine Gründe für sein Verhalten.

Was ich mit einiger Sicherheit zu behaupten wage, ist, daß niemals zu befürchten steht, daß die Sucht sich umzubringen eine epidemische Krankheit wird; da die Natur hiergegen gut vorgesorgt hat: Hoffnung und Furcht sind ihre mächtigen Springfedern, mit denen sie fast immer mit Erfolg die Hand desjenigen hemmt, der auf dem Sprung ist, sein Leben anzutasten.

Man sagt uns, es habe Länder gegeben, in denen eine besondere Ratskörperschaft eingerichtet gewesen sei, die Bürgern, die triftige Gründe hatten, gestattete, sich umzubringen. Ich behaupte entweder, daß daran nichts ist, oder daß diese Behörde wenig zu tun hatte.

Warum haben Cato, Brutus, Cassius, Antonius, Othon und so viele andere so entschlossen Hand an sich gelegt, während unsere großen Parteiführer sich hängen ließen oder bis in ihr elendes Alter erbärmlich im Kerker schmachteten? Einige Schöngeister sagen, diese Alten haben eben nicht den echten Mut gehabt; Catos Selbstmord sei die Tat eines Feiglings gewesen; er hätte viel mehr Seelengröße gezeigt, wenn er vor Cäsar zu Kreuz gekrochen wäre. Das paßt gut für Oden oder sonstige rhetorische Floskeln. Sicher gehört Mut dazu, sich mit ruhiger Seele einen blutigen Tod anzutun; es braucht einige Stärke, um den mächtigsten Naturtrieb zu überwinden; Schwäche ist nicht in einem solchen Tun, eher wilde Kraft. Von einem Kranken im Wahnsinn darf man nicht sagen, er habe keine Kraft, vielmehr, er habe die Kraft eines Rasenden.

Erst wenn die Hoffnung uns verläßt, wenn eine unerträgliche Schwermut uns ergreift, erst dann läßt sich der Trieb überwinden, der uns die Ketten des Lebens lieb macht. Erst dann hat man den Mut, ein schlecht gebautes Haus zu verlassen, das man nicht mehr ausbessern zu können hoffen darf. Alljährlich gibt es unter hunderttausend Menschen zwei bis drei, die sich verabschieden. Aber das geschieht nur in Anfällen großer Schwermut. Etwas häufiger kommt es in dem Land vor, in dem ich wohne. Vor einigen Monaten haben sich zwei Genfer, die ich kenne, in den Rhonestrom gestürzt. Der eine hatte 50.000 Taler Renten, der andere war bekannt wegen seines Witzes. Ich komme noch nicht in Versuchung, ihr Beispiel nachzuahmen; erstens, weil meine heillosen Augenentzündungen nur im Winter kommen; zweitens, weil ich mich immer in der Hoffnung zu Bette lege, mich andern Morgens, wenn ich aufwache, über das Menschengeschlecht lustig zu machen. Wenn mir einmal diese Fähigkeit abgeht, wird es ein Zeichen für mich sein, daß ich mich davon mache. Mir kommt es nicht zu als Cato zu sterben, da ich nicht gelebt habe wie er. Ich tadle allerdings niemand und finde ganz richtig, daß man sein Haus verläßt, wenn es einem nicht mehr gefällt. Nur sollte man immer wenigstens acht Tage damit zuwarten, da man nie weiß, ob man in diesen Dingen in acht Tagen noch so denkt.

Über Glück und Unglück

Das Glück ist ein abstrakter Begriff, der abgezogen ist von einigen Lustgefühlen. Seit Plato suchen die Philosophen das „höchste Gut“, wie die Chemiker den Stein der Weisen suchen; aber das höchste Gut existiert so wenig als das höchste Quadrat, oder das höchste Karmesinrot; es gibt Karmesinfarben, es gibt Quadrate, aber es gibt kein allgemeines Wesen, das man so nennen kann. Das Glück, das man so phantasiert, wäre eine ununterbrochene Reihe von Lustgefühlen. Das ist unvereinbar mit unseren Organen, mit unserer Bestimmung. Essen und Trinken macht großen Spaß, wie auch der Geschlechtsgenuß. Aber würde der Mensch fort und fort auf diese Weise genießen, seine Organe hielten das nicht aus, und die Menschheit ginge an der Lust zugrunde. Ohne Unterbrechung von einer Lust zur andern übergehen, ist auch ein Wahn. Die Frau, die empfangen hat, muß niederkommen, und zwar mit Schmerzen; der Mann muß Holz spalten und Steine behauen, was kein Vergnügen ist. Heißt man Glück einige über das Leben hin verstreute Lustgefühle, so gibt es Glück. Dauernde, immer wechselnde Lust gibt es nicht auf dieser Erdenkugel; da müßt ihr anderswo suchen.

Heißt man Glück einen äußeren Zustand wie den des Reichtums, der Macht, des Ansehens, so täuscht man sich nicht minder. Da ist mancher Köhler glücklicher als mancher Fürst. Wie viele häßliche Bürgersweiber fühlen sich wohler als Helena und Kleopatra. Immerhin, wenn wir sagen: Ein junger, gesunder Maultiertreiber hat viel voraus vor dem alten Karl V., den die Gicht plagt, so kommen wir über die Wahrscheinlichkeit nicht hinaus. Es könnte immerhin auch sein, daß Karl V. an seinen Krücken mit Vergnügen daran zurückdenkt, daß er einmal einen König von Frankreich und einen Papst in seiner Gefangenschaft hatte, und daß er mit dem Maultiertreiber nicht tauschen möchte. Nur Gott, dem Herzenskundigen, kommt es zu, zu entscheiden, wer der Glücklichste ist.

Nur im Punkt der augenblicklichen Lust- oder Schmerzempfindung kann man das Los zweier Menschen vergleichen, wobei man von allem anderen absehen muß. Ein gesunder Mensch, der ein gutes Rebhuhn verzehrt, hat ohne Zweifel einen Augenblick, der dem eines von der Kolik gequälten Menschen vorzuziehen ist. Weiter aber läßt sich nichts Sicheres sagen. Das Innere eines Menschen kann man gegen das Innere eines andern Menschen nicht abwägen; für Gefühle und Willensregungen fehlt uns die Waage.

Wir haben mit Plato begonnen und wollen mit Solon schließen, dessen großes Wort so großen Erfolg gehabt hat: Man soll niemand vor seinem Tod glücklich preisen. Dieser Lehrspruch ist wie so viele anderen vom Altertum geweihten Sentenzen im Grunde doch nur eine Kinderei. Der Augenblick des Todes hat nichts zu tun mit dem Los, das man im Leben kosten durfte. Man kann eines gewaltsamen und schmachvollen Todes sterben und doch alle Freuden genossen haben, deren die menschliche Natur fähig ist. Es ist sehr wohl möglich, ja sehr gewöhnlich, daß ein glücklicher Mensch einmal nicht mehr glücklich ist; hat er darum seine glücklichen Augenblicke etwa nicht gehabt? Was soll also das Wort Solons heißen? Daß es nicht sicher ist, daß ein Mensch, der heute etwas Frohes erlebt, morgen etwas Frohes erlebt. Dann ist es aber eine ebenso unbestreitbare wie platte Wahrheit, so platt, daß es sich nicht verlohnte, sie auszusprechen.

Wir haben ein großes Thema zu behandeln. Es handelt sich um das Glück oder wenigstens darum, so wenig als möglich unglücklich zu sein in dieser Welt. Sie fragen mich, ob ich ungefähr glücklich sei. Ja freilich gibt es nur ein Ungefähr in diesem Genre. Was ist Ihr „Ungefähr“, gnädige Frau? Sie haben Ihre beiden Augen verloren, die ich einst vor dreißig Jahren so schön gesehen habe. Aber Sie haben noch Freunde, Geist, Phantasie, einen guten Magen. Ich bin viel älter als Sie, ich verdaue nicht, ich werde taub. Der Juraschnee macht mich blind. Das ist ziemlich abscheulich. Ich habe hier in Ferney eine Kolonie gegründet. Mitten in meinen Unternehmungen nimmt mir der Abbé Terrai 200.000 Franken. Das ist eine Verlegenheit für einen Papierschmierer, wie ich die Ehre habe es zu sein, Und doch werde ich mich nicht umbringen. Die Philosophie ist zu etwas gut; sie tröstet.

Es gibt – vielleicht – einen ziemlich angenehmen Zustand in der Welt, das ist der eines Dummkopfes. Aber ich kann Ihnen diese Existenzweise nicht vorschlagen. Es ist komisch, daß kein Wesen von Geist ein Glück möchte, das auf Dummheit gegründet ist, und doch ist klar, daß man dabei einen guten Tausch machen würde. Ich kann das nicht leiden, wenn Sie sagen, je mehr man denke, um so unglücklicher werde man. Das ist wahr für Leute, die schlecht denken; die sind zu beklagen, weil sie krank an der Seele sind, und jede Krankheit ist ein trauriger Zustand. Aber Sie, deren Seele so kerngesund ist, fühlen Sie doch, was Sie der Natur schuldig sind! Ist denn das gar nichts, von den unglücklichen Vorurteilen geheilt sein, welche die meisten Menschen, besonders die Frauen, an der Kette halten? Seine Seele nicht einem Scharlatan ausliefern, sein Wesen nicht durch Gefühle der Angst und des Aberglaubens entehren, wie sie eines denkenden Wesens unwürdig sind, in einer Unabhängigkeit sein, die frei macht von der Notwendigkeit des Heuchelns?

Das Wort glücklich scheint mir bloß für Romane zu passen. Es ist mein heißester Wunsch, daß das Wort für Sie zuträfe. Sie sagen, Sie möchten sich gerne darauf beschränken, zu vegetieren. Das ist gerade, wie wenn Sie sagten, Sie möchten sich gerne langweilen. Die Langeweile ist das Allerschlimmste. Die Annehmlichkeiten eines Freundeskreises, auf den man sich verlassen kann, sind ein ebenso reelles Vergnügen, wie ein Rendezvous in der Jugend. Essen Sie gut, pflegen Sie Ihre Gesundheit, machen Sie sich die Freude, daß Sie manchmal Ihre Gedanken diktieren, um das, was Sie gestern dachten, mit dem zu vergleichen, was Sie heute denken; dann haben Sie zwei der größten Freuden, die man sich denken kann: Sie leben mit der besten Gesellschaft von Paris und Sie leben mit sich selbst.

Vom Gewissen

Locke hat bewiesen, wenn man diesen Ausdruck in der Moral und in der Metaphysik anwenden darf, daß wir keine angeborenen Ideen und Prinzipien haben. Daraus folgt, daß wir es höchst nötig haben, unsern Kopf mit guten Gedanken und Prinzipien auszustatten, sobald wir unsern Verstand brauchen können.

Locke führt als Beispiel die Wilden an, die ihren Nächsten ohne alle Gewissensbisse umbringen und verspeisen und wohl erzogene christliche Soldaten, die in einer gestürmten Stadt plündern, würgen, notzüchtigen, nicht bloß ohne Gewissensbisse, sondern mit Lust und Liebe, mit Ruhm und Ehre, unter den Beifallsrufen aller Kameraden.

Beim Gemetzel der Bartholomäusnacht, bei den Autodafés, den heiligen Glaubensakten der Inquisition hat sich kein Mörder ein Gewissen daraus gemacht, Männer, Frauen und Kinder scheußlich zu Tode zu martern, die nichts anderes verbrochen hatten, als daß sie das Abendmahl anders feierten als ihre Inquisitoren.

Daraus folgt, daß wir eben *das* Gewissen haben, das uns von der Zeit, vom Beispiel, von unserem Temperament und unserem Nachdenken angebildet worden ist.

Der Mensch ist mit keinem Prinzip geboren, aber mit der Fähigkeit, jedes Prinzip anzunehmen. Sein Temperament mag ihn zur Grausamkeit oder zur Milde neigen; sein Verstand wird ihm eines Tags beibringen, daß $12^2 = 144$ ist, daß man anderen nicht tun soll, was man nicht will, daß uns geschehe. Aber er wird auf diese Wahrheiten in seiner Kindheit nicht von selbst kommen; die erste wird er nicht verstehen und die zweite wird er nicht fühlen.

Ein kleiner hungriger Wilder, dem sein Vater ein Stück von einem anderen Wilden zu essen gibt, wird am andern Tag wieder eins verlangen, ohne darauf zu kommen, daß man seinen Nächsten nicht anders behandeln soll als man selbst behandelt sein möchte. Er tut instinktmäßig das Gegenteil von dem, was diese ewige Wahrheit lehrt.

Die Natur aber hat ein Einsehen. Sie hat dem Menschen die Anlage zum Mitleid gegeben und die Fähigkeit, die Wahrheit zu verstehen. Diese beiden Gaben Gottes sind die Grundlage der bürgerlichen Gesellschaft. Darum hat es immer wenig Menschenfresser gegeben; das macht das Leben ganz erträglich bei den Kulturnationen. Die Eltern geben ihren Kindern eine Erziehung, so daß sie bald gesellig werden, und diese Erziehung gibt ihnen ein Gewissen.

Eine reine Religion und Moral, die man den Kindern frühe einflößt, modeln die menschliche Natur dermaßen, daß man vom siebenten bis zum sechzehnten oder siebzehnten Jahre nichts Böses tut ohne Gewissensbisse. Dann kommen die heftigen Leidenschaften, die das Gewissen bekämpfen und manchmal ersticken. Die vom Gewissenskampf gequälten Menschen befragen dann manchmal andere, wie sie in ihren Krankheiten diejenigen befragen, die ihnen gesund zu sein scheinen. So kamen die Kasuisten auf, d. h. Leute, die über Gewissensfragen entscheiden.

Man soll Gott nicht der Ungerechtigkeit anklagen, weil die drei Schnauzen des Cerberus, die drei Furien , die drei Parzen, das Rad Ixions und der Geier des Promotheus dumme Wahngebilde sind. Die heiligen Quacksalber, die diese Albernheiten erfanden, um Furcht einzuflößen, und die ihre Religion nur durch Henker aufrecht hielten, werden heute von den Weisen als die Hefe der Menschheit angesehen. Es gibt eine sichere, unentrinnbare Strafe auf dieser Welt für den Schurken. Welche? Die Gewissensbisse, die nie ausbleiben, und die Rache der Menschen, die selten ausbleibt. Ich habe viel bösartige, verruchte Menschen kennengelernt, keinen unter ihnen, der glücklich gewesen wäre. Ich brauche nicht lange von ihren qualvollen Rückerinnerungen zu reden, ihrer ständigen Angst, ihrem Mißtrauen gegen ihre Dienstboten, ihre Frauen, ihre Kinder. Mit Recht sagt Cicero: das sind die wahren Cerberusse, die wahren Furien, ihre Geißeln und Brandfackeln. Wenn das Verbrechen so bestraft wird, so wird die Tugend belohnt, nicht in elysäischen Feldern, wo der Leib so abgeschmackt herumspaziert, wenn er gar nicht mehr da ist, nein, im Leben, im innerlichen Gefühl der erfüllten Pflicht, im Frieden des Herzens, im Lob der Völker, in der Freundschaft der Edlen. Das ist die Überzeugung von Cicero, Cato, Mark Aurel, es ist auch die meinige. Nicht als ob diese Männer behaupten, die Tugend mache vollkommen glücklich. Auch ein solches Glück kann nicht immer ganz rein sein, weil nichts ganz rein sein kann auf Erden. Aber danken wir dem Herrn der Natur, daß er der Tugend das Maß von Glückseligkeit beigegeben hat, dessen die menschliche Natur fähig ist.

Der Mensch nicht böse von Natur

Man ruft uns zu, die, menschliche Natur sei von Grund aus entartet, der Mensch sei als Teufelskind geboren. Das ist eine sehr unvorsichtige Rede. Denn du, lieber Freund, der du mir predigst, daß jeder als ein Entarteter auf die Welt kommt, du tust mir dann zu wissen, daß auch du als ein solcher geboren bist, daß ich mich also vor dir in acht nehmen muß wie vor einem Fuchs oder einem Krokodil. O nein, erwiderst du, ich bin wiedergeboren; ich bin weder als Ketzer noch als Ungläubiger geboren;

mir kann man trauen. Die ganze übrige Menschheit freilich ist eine Masse von Ungeheuern.

Wie viel vernünftiger und schöner wäre es, wenn ihr den Menschen predigen würdet: Ihr seid alle gut geschaffen; so seht doch, wie entsetzlich es wäre, wenn ihr eure reine Natur befleckt! So redet man ja auch mit den einzelnen Menschen. Führt ein Chorherr ein anstößiges Leben, so ruft man ihm zu: Wie kann man nur die Würde eines Chorherrn so bloßstellen! Einem Richter führt man seinen Rang als königlicher Rat zu Gemüte, dem er einen mustergültigen Wandel schuldet. Einem Soldaten sagt man: Vergiß nicht, daß du zum Regiment Champagne gehörst! Und so sollte man jedem einzelnen sagen: Gedenke an deine Menschenwürde!

Was für einen Sinn hätte sonst die Redewendung, die man bei allen Völkern findet: Halte Einkehr bei dir selbst! Wären wir wirklich Kinder des Teufels und wäre unser Blut höllischer Saft, so hieße das ja: Folgt nur eurer teuflischen Natur, seid Betrüger, Räuber, Mörder! Das ist das Gesetz eures Vaters.

Der Mensch ist nicht böse geboren; er wird es erst, wie er krank wird. Wäre er krank geboren, so könnten die Ärzte ihn von dieser angeborenen Krankheit niemals heilen.

Lasst die Kinder zu euch kommen, ihr seht an ihnen nur Zeichen der Unschuld, der Freundlichkeit, der Schüchternheit; wären sie bösartig und grausam, so würde sich das doch zeigen, wie die kleinen Schlangen und die kleinen Tiger schon zu beißen suchen. Aber die Natur, die den Menschen keine Angriffswaffen mitgegeben hat, so wenig wie den Tauben oder den Hasen, sie hat ihnen doch keinen Trieb zur Zerstörung eingesenkt.

Wenn der Mensch also nicht böse geboren ist, warum sind dann doch so manche, von der Bosheitspest angesteckt? Wenn die Führenden von der Krankheit ergriffen sind, so stecken sie die andern an, wie eine Frau, die, von dem Übel befallen ist, das Christoph Kolumbus aus Amerika herüberschleppte, dieses Gift von einem Ende Europas zum andern verbreitet. Der erste Ehrgeizige hat die Erde vergiftet.

Nun werdet ihr sagen, in diesem ersten Ungeheuer hat sich nur der Keim entfaltet, der in allen Menschen liegt. Gewiß kann die Mehrzahl unserer Brüder so werden; aber hat denn jedermann das Faulfieber und den Stein deswegen, weil jeder diese Krankheiten bekommen kann.

Es gibt ganze Völker, die gutartig sind. Die Philadelphier, die Banjanen haben nie jemand umgebracht. Die Chinesen, die Völker von Tonkin, Siam, selbst von Japan, kennen seit mehr als hundert Jahren keinen Krieg mehr. Wären die Menschen von Natur böse und getrieben von einem teuflischen Wesen, so fände man jeden Morgen Männer von ihren Frauen, Väter von ihren Kindern ermordet, wie man bei Tagesanbruch Hühner, die von dem blutsaugenden Marder erwürgt sind, vorfindet.

Wenn es eine Milliarde Menschen auf Erden gibt, so ist das viel; das ergibt ungefähr fünfhundert Millionen Frauen, die nähen, spinnen, ihre Kleinen stillen, das Haus oder die Hütte sauber halten und ihre Nachbarinnen ein bißchen verlästern. Ich kann nicht sehen, welches Unheil diese harmlosen Wesen auf Erden stiften sollen. Weiter gibt es wenigstens zweihundert Millionen Kinder, die sicher weder morden noch plündern, und ebensoviel Alte und Kranke, die das gar nicht mehr können. Bleiben höchstens hundert Millionen kräftige junge Leute, die Verbrechen begehen können. Von diesen hundert Millionen sind neunzig ganz von schwerer Arbeit ausgefüllt, die der Erde Nahrung und Kleidung abringen soll. Sie haben kaum Zeit zu Übeltaten. Unter die übrigen zehn Millionen gehören die müßiggängerischen Genießer der guten Gesellschaft, die Männer von Talent, die sich ihrem Beruf widmen, die Richter und Beamten, die Priester, die allen Anlaß haben, ein anständiges Leben zu führen, wenigstens äußerlich. Bleiben als wirkliche Bösewichter nur einige Politiker, weltlichen oder geistlichen Standes, die immer Unheil stiften wollen, und einige tausend Landstreicher, die den Politikern ihre Dienste verkaufen. Niemals steht eine Million dieser wilden Tiere zu gleicher Zeit im Dienst; und in diese Zahl schließe ich noch die Straßenräuber ein. Also hat man auch in den unruhigsten Zeiten höchstens einen Menschen auf tausend, den man böse nennen kann; und auch der ist es nicht immer.

Es gibt also sehr viel weniger Böses auf Erden als man glaubt und sagt; immer noch viel zu viel, gewiß. Aber die Freude am Klagen und Übertreiben ist so groß, daß man bei der geringsten Kratzwunde gleich über Ströme von Blut schreit. Ein trübsinniger Geist, dem ein Unrecht widerfahren ist, sieht die Welt voll von Teufelsgesellen, so wie ein junger Genießer, wenn er nach der Oper mit seiner Dame soupiert, sich gar nicht vorstellen kann, daß es auch arme Tropfe gibt.

Ein guter Rat

An einen Jugendfreund

Ja, ich will Ihnen den Kopf waschen, bis ich Sie von Ihrer Trägheit kuriert habe. Ich mache Ihnen keinen Vorwurf, daß Sie allabendlich bei Herrn de la Poplinière soupieren. Aber das werfe ich Ihnen vor, daß Sie leben, wie wenn der Mensch bloß zum Soupieren geschaffen wäre. So wird ein Brief, den Sie schreiben sollten, zu einer Last für Sie. Wo will das hinaus? Sie haben Ihre Jugend vertändelt, Sie werden bald alt und untüchtig. Sie sollten sich einen ruhigen, glücklichen, unabhängigen Spätherbst bereiten. Denn was wird aus Ihnen, wenn Sie krank und verlassen sind? Wird es Ihnen dann ein Trost sein, zu sagen: Ich habe ehemals Champagner in guter Gesellschaft getrunken?

Das Ende eines einfältigen, unnützen Alten ist etwas sehr Erbärmliches. Also trinken Sie ruhig Champagner mit liebenswürdigen Leuten! Aber leisten Sie etwas, das Sie in den Stand setzt, eines Tags Wein zu trinken, der Ihnen selbst gehört!

Voltaire über sich selbst

Seine große Leidenschaft

Im menschlichen Herzen ist ein tiefes Gefühl, das sich dagegen auflehnt, daß man betrogen wird. Wenn mir ein Reisender interessante wunderbare Dinge erzählt, so macht er mir für den Augenblick großen Spaß; zeigt man mir, daß es falsch ist, was ich glaubte, so bin ich empört über den Aufschneider. Es gibt Leute, denen ich nie in meinem Leben verzeihen werde, daß sie mich in meiner Jugend getäuscht haben. Ich weiß wohl, daß ich jeden Augenblick von meinen Sinnen getäuscht werden muß; ein gerader Stab muß mir im Wasser krumm erscheinen usw. Die Natur stellt uns fort und fort täuschende Bilder vor Augen, sie ist eine große Oper, deren Dekorationen auf optische Wirkung berechnet sind. Sie zeigt uns eben die Dinge nicht wie sie sind, sondern wie wir sie empfinden sollen. Wenn Paris die Haut der Helena gesehen hätte, wie sie wirklich war, nie hätte er sich in sie verliebt. Aber beim Handeln und beim vernünftigen Denken ist es etwas ganz anderes. Wir wollen nicht betrogen sein, weder in den Handelsgeschäften, die man mit uns abschließt, noch in der Geschichte, noch in der Philosophie, noch in der Naturwissenschaft.

Der Friede ist allerdings mehr wert als die Wahrheit, das heißt, man soll seinem Nächsten um theoretischer Streitereien willen keine trüben Stunden machen. Aber man soll doch den Frieden der Seele in der *Wahrheit* suchen und die scheußlichen Irrtümer zu Boden treten, die die Seele zerrütten und sie zum Spielzeug von Schurken machen. Glauben Sie mir, man hat traurige Stunden mit achtzig Jahren, wenn man noch im Zweifel schwimmt. Wie verabscheue ich die Memmen und die schwachen Seelen!

Wie alt man auch werden mag, man läßt sich nicht gern täuschen. Man verabscheut im Geheimen die lächerlichen Vorurteile, die die Menschen nach ihrer Übereinkunft in der Öffentlichkeit respektieren. Die Freude, dieses Joch abzuschütteln, ist ein Trost dafür, daß man es so lange tragen mußte. Je näher mich mein Alter und die Schwäche meiner Natur dem

Ende bringen, um so mehr habe ich es für meine Pflicht gehalten, zu untersuchen, ob so viele berühmte Leute von Hieronymus und Augustin bis auf Pascal nicht auch einige Gründe für sich hatten. Ich habe klar gesehen, daß sie keine hatten und daß sie nur kniffliche und leidenschaftliche Advokaten der allerschlechtesten Sache waren. Ja, hätten sich diese Meister des Irrtums damit begnügt, uns zu sagen: „Wir wissen wohl, daß wir nur dummes Zeug lehren; aber unsere Fabeln sind auch nicht schlechter als die Fabeln anderer Völker; lasst uns die Toren in Ketten legen und lachen wir miteinander!" – dann könnte man schweigen, dann hätte der selige Abbé Bazin nichts über gewisse Materien geschrieben. Aber sie haben zur Lüge noch die Anmaßung gefügt. Sie haben über die Geister herrschen wollen, und gegen diese Tyrannei empöre ich mich. – Es ist sehr wertvoll, wenn man sich von gewissen abscheulichen Vorurteilen losgemacht hat, auch wenn man nicht etwas ganz Befriedigendes an die Stelle zu setzen hat. Es ist genug, wenn man sicher weiß, was nicht ist. Man ist nicht verpflichtet, zu wissen was ist. Ich bin ein großer Umstürzler. Häuserbauer bin ich nur für die Emigranten von Genf.

Die Scherze und die theatralischen Sachen, von denen Sie sprechen, sind nur amüsante Nebendinge; um das, was den Menschen in erster Linie interessieren sollte, kümmert man sich meist am wenigsten. Fast niemand will darüber nachdenken, woher er kommt, wo er ist, warum er ist und was aus ihm wird. Meist stehen selbst die für gescheit Geltenden noch auf der Stufe der Kinder, die an Ammenmärchen glauben; und das Schlimmste ist, daß selbst die Regierenden nicht klarer sehen in diesen Dingen als die Regierten; darum ist auch, wenn sie alt werden und vereinsamen, ihr Los ein dummes und verächtliches Greisenalter. Zweifel, Furcht und Schwäche vergiften ihre letzten Tage; stark ist die Seele immer nur, wenn sie aufgeklärt ist. Schätzen Sie sich glücklich, daß Sie frühzeitig gelernt haben zu denken.

Sagen was man denkt, das ist der Trost des Lebens. Das Studieren hat vieles für sich: Wir leben dabei ganz gemütlich mit uns selbst; die Last des Müßiggangs drückt uns nicht; wir laufen nicht aus dem Hause von einem Ende der Stadt zum andern, um unendlich viel Nichts zu sprechen und mit anzuhören. So habe ich in meinen Schneebergen, vom rauhen Winter eingeschlossen, meine Zeit mit Meditieren hingebracht. Meditieren Sie nicht auch, gnädige Frau? Kommen Ihnen nicht manchmal hundert Gedanken über die Ewigkeit der Welt, über die Materie, über das Denken, über den Raum, über das Unendliche? Ich sollte meinen, man denke an das alles, wenn die Leidenschaften verflogen sind. Wir sind doch alle wißbegierig; es möchte doch jedermann in diese Tiefen eindringen, wenn man nur nicht die Anstrengung des Denkens scheute, wenn man sich nur nicht durch Vergnügen und Geschäfte zerstreuen ließe. Sie sind gerade in dem Zustand, der zum Reflektieren anregt. Der Verlust des Augenlichts kommt der Sammlung der Seele zugute. Mir kommen oft zwischen meinen Bettvorhängen Gedanken, die sich freilich wieder auf und davon machen, wenn der Tag anbricht. Ich nütze die Zeit aus, in der meine Augenentzündung mir das Lesen unmöglich macht. Diese Zeiten möchte ich mit Ihnen verbringen.

Das Geld und seine Bedeutung

Das Los eines Literaten und die zweifelhafte Ehre, eine Pariser Berühmtheit zu sein, hat als Kehrseite gar zu viele Verdrießlichkeiten. In diesem Stand, der keinen Rang hat, muß man Demütigungen einstecken von seiten derer, die etwas haben und etwas sind, und wird ein Opfer des Neides derer, die nichts haben und nichts sind. Um mich für diese schlimmen Begleiterscheinungen der Schriftstellerei schadlos zu halten, habe ich mir vorgenommen, ein großes Vermögen zu machen, wie das Pack sich ausdrückt. Ich habe mir viel Geld und Gut erworben, alle Ehren, soweit sie mir zusagen, Ruhe und Freiheit. Dazu kommt jetzt der Verkehr mit einem König, der sicher ein in seiner Art einziger Mensch ist und hoch über allen Vorurteilen, selbst denen des königlichen Standes sieht. In diesen Hafen haben mich die Stürme, die mich so lange heimsuchten, getrieben. Mein Glück wird so lange dauern, als es Gott gefällt.

Zwischen dem, der von seinen Renten leben kann und dem, der es nicht kann, ist ein solcher Unterschied, daß mir die beiden als Wesen von ganz verschiedener Art vorkommen.

Mein lieber Abbé, eben erhalte ich Ihren Brief, der mir den Generalbankerott des Generalsteuereinnehmers Michel anzeigt. Dieser Michel nimmt mir einen beträchtlichen Teil meines Vermögens. *Deus dedit: Deus abstulit; sit nomen Domini benedietum* . Aber ich bin ziemlich gottergeben. Ich gestehe, ich war auf diesen Bankerott nicht gefaßt; ich verstehe nicht, wie ein Generalsteuereinnehmer seiner allerchristlichsten Majestät so plump fallen kann, wofern er nicht etwa noch reicher werden wollte. Dann hätte Michel doppelt unrecht, und ich möchte, gerne rufen:

Michel, im Namen des Ewigen, schlug einst den Teufel in die Flucht.

Aber nach diesem Bankerott hole der Teufel den Michel!

Medina versicherte mich, er habe nur Unglück gehabt, er sei nie ein Kind Belials und immer ein rechter Israeliter ohne Falsch gewesen. Das rührte mich, ich umarmte ihn, wir lobten Gott miteinander und ich verlor achtzig Prozent.

Ich habe Ihnen den Rat gegeben, das Leben auszuhalten und wäre es nur, um die zu ärgern, die Ihnen Leibrenten zahlen müssen. Bei mir ist das fast noch das einzige Vergnügen. Sobald ich eine Magenverstimmung im Anzug sehe, denke ich mir, daß zwei oder drei Fürsten mich beerben werden. Dann werde ich mutig aus reiner Bosheit und konspiriere gegen sie mit Rhabarber und Diät. Wenn Sie Leibrenten auf den König haben, so schonen Sie sich, essen Sie wenig, gehen Sie frühe zu Bett und leben Sie hundert Jahre lang!

meinen Bettvorhängen Gedanken, die sich freilich wieder auf und davon machen, wenn der Tag anbricht. Ich nütze die Zeit aus, in der meine

Augenentzündung mir das Lesen unmöglich macht. Diese Zeiten möchte ich mit Ihnen verbringen.

Voltairesche Lebensrezepte

Ich habe keinen Augenblick für mich; seit einem Monat stecke ich bis über den Hals in Arbeit und Geschäften. Je älter man wird, um so mehr muß man sich zu tun machen. Viel lieber sterben als ein unschmackhaftes Greisenalter im Müßiggang dahinschleppen. Arbeiten, das heißt leben.

Vielleicht wende ich meine Zeit schlecht an; aber ich bin nicht müßig. Die Gesellschaft macht Spaß und zerstreut, die Arbeit strafft die Kräfte der Seele und macht glücklich. Leben Sie, Sie, der Sie so wertvolle Arbeit geleistet haben; genießen Sie, Sie, der Sie eben ins Greisenalter eintreten. Ich, der ich jung bin, der ich erst neunundsechzig Jahre alt bin, ich muß arbeiten, um es zu verdienen, daß ich mich eines Tags zur Ruhe setze.

Man muß bis zum letzten Augenblick gegen Natur und Schicksal kämpfen und nie an etwas verzweifeln, bis man mausetot ist.

Das nimmt mich wunder, daß Sie sagen, man solle im Alter nicht mehr arbeiten. Mir scheint es, Arbeit sei der große Trost für unser Alter. Decet musarum cultorem scribentem mori. Mir ist auch das Kriegführen nicht unangenehm in meinem Alter; das regt mich an. Und manchmal lache ich mir ins Fäustchen.

Und wenn ich achtzig Jahre alt wäre, ich würde noch an meinen Sachen feilen. Ich habe nicht den zähen Eigensinn der alten Leute. Ich bin geschmeidig wie ein Aal, lebhaft wie eine Eidechse und treibe immer um wie ein Eichhörnchen. Sobald man mir irgendwo eine Dummheit nachgewiesen hat, setze ich schnell eine andere an ihre Stelle.

Nichts ist so traurig, als wenn man für sich allein lebt ohne Beschäftigung. Das wissen die Tyrannen wohl; deshalb stecken sie einen Menschen manchmal in ein leeres Gelaß mit vier Wänden ohne Bücher. Diese Strafe ist schlimmer als die Folter, die doch nur eine Stunde dauert.

Der „Patriarch“ kränkelt immer mehr; und wenn er schlechte Witze reißt in den Zwischenpausen zwischen seinen Leiden, so verdankt er sein Leben nur dieser Diät der Heiterkeit; eine bessere gibt es nicht.

Man muß spät aufstehen, mindestens bis mittags zwölf Uhr im Bett bleiben, und bald zu Bett gehen; das ist das Geheimnis für die Verlängerung dieses elenden Lebens.

Sie können sich meinen Zustand vorstellen: fortwährend verleumdet; immer die Aussicht vor sich, gerichtet zu werden ohne angehört worden zu sein; fünfzig Jahre Arbeit, die mir nur fünfzig Feinde mehr eingetragen hat. So muß ich stets mich bereit halten, anderswo zwar nicht die Ruhe, aber doch die Sicherheit zu suchen. Hätte mir nicht die Natur zwei ausgezeichnete Gegenmittel gegeben, die Arbeitslust und die Heiterkeit, schon lange wäre ich vor Verzweiflung gestorben.

Die Person, die Herr Collenot um Rat fragt, fühlt, daß sie diesen Vorzug nicht verdient. Man soll in Sachen der Erziehung seiner Kinder nur ihre Talente und Neigungen befragen. Die Arbeit und die gute Gesellschaft sind die besten Lehrer, die es gibt. Die Erziehung in den Gymnasien und Klöstern ist immer schlecht, weil man hundert Kindern, die verschiedene Talente haben, dasselbe beibringt. Die beste Erziehung ist sicher diejenige, die ein so tüchtiger Vater wie Herr Collenot geben kann.

Leben und Treiben in Ferney

Ich bin nie weniger tot gewesen als gegenwärtig. Ich bin keinen Augenblick frei: die Ochsen, die Kühe, die Schafe, die Wiesen, die Bauten, die Gärten nehmen mich am Vormittag in Anspruch; der ganze Nachmittag gehört dem Studium; und nach dem Abendessen probt man die Stücke, die man auf meiner kleinen Bühne spielt. Diese Art zu leben macht Appetit zum Leben. Ich habe noch mehr Appetit dazu, seit Sie so freundlich sind, mit so viel Güte sich meiner zu erinnern. Sie haben recht. Denn im Grund bin ich ein guter Kerl. Mein Pfarrer, meine Vasallen, meine Nachbarn haben mich gerne. Ich weiß, die Königin sagt immer, ich sei ein gottloser Mensch. Die Königin hat unrecht. Der König von Preußen hat aber noch mehr unrecht, wenn er in seiner „Epistel an Keith“ sagt: „Geht mir weg, ihr feigen Christen“ usw. Man soll niemand Injurien sagen.

Aber das allergrößte Unrecht haben diejenigen, die es fertig gebracht haben, Frankreich in zwei Jahren zugrunde zu richten und erst noch in einem Krieg für fremde Interessen.

Sie sind jetzt neunundsechzig Jahre alt, lieber Kollege. Wem ginge es nicht ungefähr auch so: Das ist die Zeit, wo man sich selbst angehört und seine Laufbahn in Ruhe vollendet. Ja, es ist etwas Schönes um die Ruhe. Nur – die Langeweile gehört zu ihrer Bekanntschaft und Verwandtschaft. Um diese unangenehme Verwandte zu verjagen, habe ich ein Theater in Lausanne eingerichtet, wo wir Zaire spielen usw.

Nun habe ich das erreicht, was ich mein Leben lang wollte, Unabhängigkeit und Ruhe. Kommen Sie und teilen Sie mit mir diese unschätzbaren Güter.

Dieses Leben mißfällt mir nicht; es ist ausgefüllt. Es ist ein größerer Genuß als man denkt, zu pflanzen, zu säen und zu bauen. Ich beklage mich ja immer; das ist so bei mir der Brauch; aber im Grund ist es mir recht wohl.

Ich habe den Brief nicht erhalten, in dem Sie mich von Ihrer Kammerherrlichkeit in Kenntnis setzen. Ich würde Sie lieber in Ihrem Palast in Bologna wissen als im Vorzimmer eines Fürsten. Ich bin auch Kammerherr eines Königs gewesen; aber ich bin viel lieber in meiner eigenen Kammer als in der seinigen. Es stirbt sich viel behaglicher im eigenen Heim als bei Königen. Das wird bald mein Fall sein.

Ich war vierzehn Jahre lang der Herbergsvater von Europa und habe, dieses Handwerk jetzt satt. Ich habe drei- bis vierhundert Engländer bei mir empfangen, die alle ihr Vaterland so heiß lieben, daß fast keiner sich nach seiner Abreise meiner erinnert hat, mit Ausnahme eines schottischen Priesters, eines Feindes des Herrn Hume, der gegen mich geschrieben und mir vorgeworfen hat, ich gehe zur Beichte. Das ist hart, nicht wahr?

Ich habe französische Obersten bei mir gehabt mit allen ihren Offizieren, und zwar länger als einen Monat. Sie dienen ihrem König so treu, daß sie durchaus keine Zeit fanden, an meine Nichte, Frau Denis oder an mich zu schreiben. Ich habe ein Schloß gebaut wie Béchamel, und eine Kirche wie Le Franc de Pompignan. Ich habe fünfhunderttausend Francs auf diese weltlichen und frommen Werke gewendet. Die erlauchten Schuldner, die ich in Paris und in Deutschland habe, und die sahen, daß mir ein so hoffärtiges Leben nicht gut tue, hielten es für angezeigt, mir den Brotkorb etwas höher zu hängen, um mir zu einem soliden Lebenswandel zu verhelfen. So ist mir auf einmal fast nur die Philosophie zum Leben übrig geblieben.

Aus Ihrem Brief ersehe ich, daß es mir jetzt geht wie dem Londoner Bickerstaff, dem der Doktor Swift und der Doktor Arbutnot bewiesen, daß er tot sei. Vergebens erklärte er in den öffentlichen Blättern, daran sei nichts, das sei eine Verleumdung seiner Feinde; es gehe ihm ganz ausgezeichnet; man bewies ihm, er sei radikal tot; drei Tory-Zeitungen und drei Whig-Zeitungen haben es bestätigt, und wenn zwei tötlich verfeindete Parteien dasselbe sagen, so sei klar, daß sie die Wahrheit sagen; sechs Zeugen seien gegen ihn; er habe nur sein eigenes Zeugnis für sich, und das gelte nichts. Der Arme mochte tun, was er wollte; er war überführt, daß er tot war. Man bezog seine Haustüre mit schwarzem Trauertuch und holte ihn ab zu seinem Leichenbegängnis. Wenn Sie mich begraben wollen, mein Herr, so steht das bei Ihnen; ich stehe ganz zur Verfügung. Ich bin vierundsiebzig Jahre alt, ich bin sehr mager, mein Gewicht ist sehr gering; zwei kleine Jungen werden genügen, mich in mein Grab zu tragen, das ich mir auf dem Friedhof meiner Kirche habe anlegen lassen. Sie brauchen für mich keine Messen lesen zu lassen, da man in Ihrer Religionsgemeinschaft für die Toten nicht betet. Ich meinerseits werde für die Bekehrung Ihres Korrespondenten beten, nach dem ich mich an zwei Orten zugleich befunden haben soll; das ist jedenfalls nur Franz Xaver passiert und scheint heute manchen braven Leuten eine moralische Unmöglichkeit. Für die kurze Lebenszeit, die mir noch verbleibt, habe ich die Ehre, mein Herr, zu sein Ihr …

Es ist nicht übel, wenn man hie und da seinen Katechismus wieder aufsagt, um sich in der rechten Lehre zu befestigen, in der man des Lebens sich freuen und den Tod verachten lernt.

Ich habe an Gott immer nur *ein* Gebet gerichtet, freilich ein kurzes: „Lieber Gott, mache meine Feinde recht lächerlich." Gott hat mich erhört.

Wie können Sie nur in Ihrem Blut eine so bösen Humor haben und dabei so guten Humors sein? Sagen Sie mir Ihr Geheimnis; denn ich bin unprästierlich, wenn ich leide.

Mein Mitgefühl mit den unterdrückten Unschuldigen und meine Unerbittlichkeit gegen die Heimtücker haben dieselbe Quelle. Wenn ich Rousseau weniger haßte, würde ich Sie weniger lieben.

Man bringt den Tag so durch mit Arbeiten, mit Büchern und einigen Freunden; und das ist doch offenbar alles, was man verlangen kann, den Tag vergnügt durchbringen. Das *Sufficit diei malitia sua* ist ja wohl wahr. Aber warum soll man nicht auch sagen: *Sufficit diei laetitia sua*.

Ich bin vierundsiebzig Jahre alt; ich hin sehr schwach; auf mich wartet nur noch der Tod. Und obwohl ich noch am Rande des Grabes Kapriolen schlage, muß ich mich doch recht bald der Länge nach hineinlegen.

Ich finde Sie noch sehr glücklich, daß Sie nur blind sind. Ich, der ich seit vierzehn Tagen auch ganz blind werde, mit schrecklichen Schmerzen in den Augen, ich, der ich Gicht und Fieber habe, ich halte mich für einen kleinen Hiob auf meinem Misthaufen. Es ist richtig, daß Hiob seine beiden Augen nicht verloren hatte; er hatte besonders die Zunge nicht verloren, denn er war ein schrecklicher Schwätzer. Der Teufel hatte ihm allerdings all sein Hab und Gut genommen, und mir nur einen großen Teil. Aber Gott hat dem Hiob alles wiedergegeben; bei mir jedoch macht er keine Miene, mir etwas wiederzugeben. Ich muß wie der biedere Hiob sagen: Nackt bin ich aus dem Schoß der Erde gekommen, nackt werde ich in ihren Schoß zurückkehren. Aber bemerken Sie, daß Hiob, indem er so sagte, sich die Haare ausraufte und seine Kleider zerriß! Ich reiße mir die

Haare nicht aus, weil ich keine habe, und ich zerreiße mir meine Kleider nicht, weil man in diesen Zeitläuften sparsam sein muß.

Verzeihen sie, daß ich Ihnen so lange nicht geschrieben habe; Sie wissen, ich werde Sie immer lieben. Sie werden mir sagen: „Beweisen Sie mir Ihren Glauben durch Ihre Werke; man schreibt, wenn man liebt." Das ist richtig; aber wenn man Angenehmes schreiben soll, muß Leib und Seele sich wohl fühlen, und das ist bei mir ganz und gar nicht der Fall. Sie berichten mir, daß Sie sich langweilen, und ich, ich antworte Ihnen: ich bin ganz wild. Das sind ja die zwei Angeln, um die sich das Leben dreht: Fades Zeug und Aufregungen. Wenn ich sage, ich sei wild, so übertreibe ich allerdings ein bißchen. Ich meine nur, ich habe allen Grund, zum Wildwerden.

Ich hoffe, Frau von Florian muß nicht mehr das Bett hüten; ich verlasse das meinige schon seit langer Zeit erst um acht Uhr abends. Ich hoffe, der Zeisig kommt im Frühjahr wieder, um in seinem Käfig in Ferney herumzuhüpfen. *Meine* Krankheit ist unheilbar, da sie schon achtzig Jahre alt ist; ich habe meinen Lauf vollendet, und der Zeisig ist noch mitten in dem seinigen. Sie haben beide noch schöne Tage zu hoffen, ich habe nur noch zwei oder drei traurige Nächte zu überstehen.

Sehen Sie mich an, gnädige Frau, als einen begrabenen Mann und meinen Brief als ein *De profundis*. Es ist wahr, meine *De profundis* sind manchmal recht lustig, und ich verwandle sie oft in *Alleluia*. Ich tanze gern um mein Grab herum, aber ich tanze allein, wie der Schatz meines Liebchens Babichon, der auch allein tanzte in seiner Scheune.

Wir fahren alle dahin wie Schatten; unser Leben ist wie ein Versailler Ministerposten, heute etwas und morgen ein Nichts.

Im Alter erträgt man das Leben; in der Jugend mißbraucht man es. So ist alles eitel, vom Papst angefangen bis zu mir herunter. Ich habe zwölf Fieberanfälle gehabt und den Arzt nur einmal holen lassen; ich habe nach der heiligen Wegzehrung gesendet und ich wurde wieder gesund.

Mahomet glaube ich gut zu kennen; ich habe ihn gründlich studiert. Ich habe ja nicht die Ehre, die Talente zu haben, deren er sich rühmt. Zwölf

Frauen wären mir eine starke Verlegenheit. Ich werde nicht wie er auf einer Stute gen Himmel fahren; Sie auch nicht; aber ich glaube, wir sind viel glücklicher als er. Er hat ein verteufeltes Leben zu führen gehabt mit allen seinen Frauen. Von allen Leuten seines Schlags liebe ich nur Konfuzius, darum habe ich auch sein Bild in meinem Betzimmer; und ich verehre ihn, wie es sich gehört.

Ich habe einige Ähnlichkeit mit den Windfahnen, die erst dann feststehen, wenn sie verrostet sind.

Das patriarchalische Leben ziehe ich jedem anderen vor. Wenn Sie mich besuchen, so werde ich einen Rehbock schlachten, ich werde einen Stein mit Öl salben wie Jakob, und wir werden den Ewigen miteinander anbeten.

Wenn es nicht geckenhaft herauskäme, würde ich sagen, ich habe ein Prachtsleben.

Ich kenne das Greisenalter mit all seinen Gebresten, und doch sage ich Ihnen, ich habe das Leben erst erträglich gefunden, seit ich altere in meinem stillen Heim.

Wenn man mich angreift, wehre ich mich wie ein Teufel; ich weiche keinen Schritt zurück; aber ich bin ein guter Teufel, und alles hört bei mir mit Lachen auf.

Die empfindlichsten Injurien sind die Spöttereien. Ich verzeihe von ganzem Herzen allen denen, die ich zum Besten gehabt habe.

Ich schreibe Ihnen von meinem Bett, wo ich Qualen leide wie ein Verdammter, vor mir schöne Gärten, eine schöne Landschaft, ein schöner See, zu meiner Rechten das Juragebirge, zu meiner Linken der ewige Schnee der großen Alpen und mit dem Teufel in meinem Leib.